带队伍就是带人心

曾仕强 杨智雄 ◎ 著

天地出版社 | TIANDI PRESS

序

中国式管理贵在实践

中华文化知行合一,我们不喜欢说空话,不主张为学问而学问。做得出来,比说一大堆理论更加珍贵!

西方管理有理论、有实践,道术可以分离,往往导致有术无道的恶果。我们必须道术合一,以道衔术,才不致走歪路、行偏道、害人害己。

我们所说的"道",包含大易的"三才",也就是"天道、人道、地道"。诸子百家都重视"道",中国式管理则以人道重仁义,来上达天道的阴阳,下究地道的刚柔,承上启下,打通一以贯之的"三才"之道。

"道"与"术"之间,要经过一道关卡,称为"法",即我们常说的"规矩"。有了规矩,道术才可以成方圆,而应用无碍。

有些人以史实为证,说明古圣先贤所说所行与现实情况相去甚远,因而认为时代变迁,中国式管理恐已不可行!殊不知中国式管理的不易法则即在"持经达变",日新又新而生生不息,每隔一段时间,就会以新面目出现。

这些人所引的史实，是以西方的标准来审观古圣先贤的道理，这种"不诚、不敬"的心态，已经不合规矩。所以不必加以理会，听听就好。

实际上，中国企业的成功法宝，便是中国式管理的安人之道、经权之道，以及絜矩之道。虽然我们说的话愈来愈像西方人，但是我们成功的真正法宝仍然没有改变。不过，说出来的话愈像西方人的，就愈象征诚意不足、敬意不够，长此以往终究是不利的。

为了因应这种趋势，做好防患工程，我们在天地出版社推出《中国式带队伍：带队伍就是带人心》，以更浅近的文字、更简明的形式，务期让大家很容易掌握细节，快速地进入状态，把中国式管理真正付诸实践。我们更衷心盼望，实践中国式管理，获得良好成果的各界先行同人，费心将经过大要写成专书，提供给大家参考。多一份学习的对象，必然多一份实践的信心。

让我们共同以天地出版社为平台，分头并进，使中国式管理在二十一世纪成为举世欣羡的焦点，这也是弘扬中华道统、传承华夏文化的具体表现！

期待各位的参与、指教与鼓励，至为感谢。

曾仕强

目 录

第1篇　学《易经》，通管理

01　《易经》中的阴阳文化

中国人常讲两句话，嘴上的话只能做参考，心里的话才是真的。当中国人说"随便"的时候，实际上他的内心是不随便的。

从自然中孕育出《易经》	005
从阴阳变化中领悟思想	011
化繁为简与持简驭繁	026

02　《易经》与管理

乾卦代表天，坤卦代表地，如果我们把乾卦理解为应该怎样当领导的话，那么坤卦则告诉我们如何做领导的左右手。

《易经》给予智慧而非知识	041
《易经》中的基本概念	044
《易经》八卦的管理意义	050

03 《易经》中的三才之道

"天时不如地利,地利不如人和",在任何场合,最重要的都是人和。而想要获得天时、地利、人和,三阶层必须密切配合,高阶施行天道,中坚实施人道,基层奉行地道。

如何有效区分三个阶层	069
三阶层要秉持三才之道	073
三阶层发扬儒道墨精神	082

第 2 篇 营造团队合力,聚拢人心

01 干部是队伍的枢纽

上有领导,下有部属,干部有如夹心饼干,做不好会上下不讨好。如果不够坚强,没有应变力,是当不好中坚干部的。

优秀中坚干部难培养	091
干部的处境以及目标	094
干部的三大重要责任	098

02 双向配合,走向竞合

既然竞争避免不了,同事间就无法和谐相处了吗?当然不是。我们把同事当朋友,彼此用心对待,有效分工合作,定能从竞争走向竞合。

同事间和谐分工合作	105
请示配合上级的运作	108
顺利地交办部属任务	114

03 复合协作，携手共赢

领导要训练好干部，让干部有效地发挥做"坏人"的精神，奠定自己当"好人"的基础，员工看在眼里，才会心甘情愿地做"憨人"，那就和谐共赢了。

向部属转达上级任务	123
将部属情况上报	134
越级问题的解决之道	138

第3篇 激发团队愿力，融化人心

01 组织文化激发团队活力

任何组织中，有配合领导的"天使"，也有不太配合领导的"恶魔"，"天使"战胜"恶魔"的过程就是组织文化形成与完善的过程。

中、美、日组织文化差异	149
组织要有阶段性调整	156
人资潜能的发展考评	160

02　有效领导铸就团队精神

中国人最在乎的是你心中有他,只要你关心他,他心里就会不好意思,就会非常配合,"投我以桃,报之以李",与你紧密团结在一起。

对部属要能先紧后松	177
长期有效的用人之道	183
领导步骤与有效汇报	190

03　正确激励提升工作业绩

别人说我们好,我们很高兴,这是一种激励;别人说我们不好,我们也高兴,因为这样我们才知道自己的缺点,这也是一种激励。能这么想,就到处有激励,工作起来也更有干劲。

自我激励是最好的激励	199
激励依层级有所分别	204

第 1 篇

学《易经》，通管理

01 《易经》中的阴阳文化

中国人常讲两句话，嘴上的话只能做参考，心里的话才是真的。当中国人说"随便"的时候，实际上他的内心是不随便的。

从自然中孕育出《易经》

这几十年来，尤其是最近十年，很多企业领导都在学习《易经》，为什么？最初，很多人觉得《易经》好像只能小用，甚至觉得它只是用来算命而已，跟组织经营没多大关系。事实上，古人曾经给我们讲过一个很重要的观念，叫"不学易，不可为将相"。同理，今天的企业领导如果不学《易经》，不明易理，不行易道，是不足以因应未来快速的变化的。

也许有人学习《易经》是为了掌握其中的术，但越来越多的人开始重视道了。如果你讲的是道，他会认真听；如果你讲的是术，他慢慢就不想听了。这是一种好现象。术是有标准的，易掌握，而道本身蕴含的是一种长久不变的道理。这道理值得我们去探究，也是大家愿意学习《易经》相关课程的原因。

《易经》，简称《易》，是说变化的。

要想认识《易经》，我们先要正本清源，返本开新。见表1-1。

表1-1 从自然中孕育出群经之首《易经》

外在现象二（阴）	自然本质	外在现象一（阳）
寒冷	天气	炎热
黑夜	天色	白天
落潮	海水	涨潮
落下	月亮	升起
落下	太阳	升起

自然的动态平衡（和）

《道德经》（25章）：人法地，地法天，天法道，道法自然
《道德经》（42章）：道生一，一生二，二生三，三生万物
　　　　　　　　　万物负阴而抱阳，冲气以为和

上古时代的领袖，后世尊称他为"伏羲氏"。班固在《汉书》中把伏羲氏推到"三皇之首""百王之先"的地位。

伏羲氏画八卦，主要依据当时的自然景象，通过简单的符号来表示宇宙永恒存在的哲理。现代的景象，当然和伏羲氏那时的不一样。我们读《易经》，必须设身处地站在当时的景象中来体会。

伏羲氏一开始就怀疑"宇宙万象，为什么如此有秩序"，他观察到：太阳从东边升起，在西边落下；月亮每天也有升起和落下；海水会涨潮，但不会淹没全部陆地，涨潮之后一定会有落潮；白天也是一样，经过日盛当中的中午以后，慢慢开始进入黄昏、黑夜，黑夜之后又是白天；天气热到一定程度的时候慢慢就开始变凉了，冷到极端以后又开始温暖，变得炎热了；春、夏、秋、冬，也依

次在更替……

看到这些在常人看来再正常不过的自然现象，伏羲氏心里充满好奇：到底是谁在支配，使得宇宙万物如此有规律地变动着？伏羲氏感觉到，宇宙万物都在变动，大概是受一种强大的能量影响。不过他很快也认识到，太阳不是只有升起没有落下，月亮不是只有升起没有落下，海水也不是只有涨潮没有落潮，不是只有白天没有黑夜，也不是只有炎热没有寒冷……所以，一定还有一种相反的能量维持着自然的动态平衡。如果太阳、月亮或其他事物每天都一去不返地动下去，那这个能量库一定会失去平衡。而宇宙万物始终维持着自然的动态平衡，说明万物的运动并非一去不返，而是比较接近"循环往复"式的律动。

《易经》认为，阴阳相反相成，相得益彰，阴阳的相依并存、变通调和的关系，也是其他等价的观念，如寒热、黑白、涨落、升降等的参照物。这是一个很妙的动态平衡，而这个平衡就是我们要寻求的一条路。只有找到了这条平衡之路，我们才能深入理解事物变化的契机，真正掌握管理之道。

《道德经》中讲："人法地，地法天，天法道，道法自然。"人取法地，地取法天，天取法道，而道纯任自然。又说："道生一，一生二，二生三，三生万物。万物负阴而抱阳，冲气以为和。"从中可以看出两个极端，就是阴阳的现象。不过，我们还要懂得"执两用中"之道，也就是要有"和"的力量。

"一生二，二生三，三生万物"，需要有一种很关键的力量，也就是"和"。阴阳调和，就变得非常重要。所以，企业高阶领导一定要懂得调和鼎鼐。调和得不好，就难以达到意想中的效果。

有的领导因为没有这种"和"的概念，看到员工很认真，加班到晚上八九点，会马上拍拍他的肩膀，说："你做得很好，继续认真做下去。"员工一听心里会想："继续认真我就没命了。"这样的管理是不适宜的。闽南语中有句话讲得很实在，说"老板如果太厉害，你不走是稳死的"。作为老板，当员工认真工作的时候，不能劝他更认真，那样是起不到好的效果的，甚至适得其反。做父母的也是一样，看到子女主动认真读书，深夜十一二点还在学习，不要对子女说"你要继续好好学习"，而要说"很晚了，赶紧休息吧"。

中国人要懂得阴阳文化。当对方很阳刚的时候，我们必须用阴柔来调和。当员工很积极的时候，我们反而要劝他："都九点了，你不要再做了，赶快回去休息比较重要。"这时员工心里会想："老板不错，关心我的健康，我应该更加努力，回报老板。"因此，员工跟老板互动得很好。

这就是懂得阴阳文化的妙处。阴阳是循环往复的，高阶领导也好，中层干部也罢，在处理任何事务的时候一定要懂得刚柔并济。只是一般的领导者总是很阳刚，太极端只能物极必反，反而会产生问题。当员工不努力的时候，我们不能说："要努力就努力，不努力就算了。"而应该劝他积极一点，否则就会留下一辈子的遗憾。

《易经》最大的智慧体现在调和整个大自然。《易经》阴阳的思维方式，给了我们很重要的启示。组织中最重要的就是组织氛围，组织氛围与组织文化有关，而组织文化是淳厚还是暴戾，通常和组织高阶领导的价值观密切相关。曾国藩说"风俗之厚薄奚自乎？自乎一二人之心之所向而已"，就是这个道理。

有一次，我遇到一个对《易经》很有研究的人，他说："老师，我学《易经》这么久，归纳出《易经》的精髓不过是两个重点而已，八个字就可以概括出来了。"

我说："了不起！我们研究那么久都没有搞清楚，你居然用八个字就总结出来了，到底是什么？"

他说："第一个重点是无所不包。电脑科技中有着《易经》中的阴阳思想，比如0、1跟《易经》的阴阳变化其实是一样的原理。几乎可以说，所有科技的原理都是从《易经》的阴阳而来的。医学中也包含阴阳变化，临床上常常以阴阳消长来说明临床的不同症候，常见的各种由实转虚、由虚转实、由表入里、由里出表等病症变化，是阴阳转化的例证……健康的人体也要基本保持阴阳平衡……"的确，《易经》具有包容性，任何学问都可以和它产生关系。

我又问："第二个重点是什么？"

他说："不知所云。很多人都在认真地学《易经》，最后却不知道它究竟讲了什么东西。"

很多人曾这样抱怨："老师，我们很认真地在学《易经》，但总感觉抓不到重点。"之所以感觉抓不到重点，是因为一直以来，人们的管理行为的主要依据即易理，不过由于行之日久，对之已经知其然而不知其所以然，所以弄不清楚自己的所作所为到底依据的是什么道理。

《易经》是群经之首，我们何不循着《易经》的思维，返回当时最简单的状况，来寻求管理的根本？只有化繁为简，才能执简驭繁。

自我学习心得笔记

_____

_____

_____

_____

_____

_____

_____

从阴阳变化中领悟思想

管理大师彼得·德鲁克说：管理必须与当地的风俗民情（民族性）相结合，方能发挥效果。这就是我们要去研究《易经》的原因。《易经》的"道"已经融入我们中国人的血液，形成了各种独具民族特色的个性特征。见图1-1。

中国人的民族性、个性几乎同时包含阴阳的特征。

一个人外表很圆滑，很多人却是这样评价他的：没有什么缺点，就是内心耿直而已。中国人提倡节俭，但是在论及婚礼的时候，很多人是这样想的：这种重要场合，排场要盛大，输人绝对不能输阵。中国人注重礼仪，然而很多时候也会表现出缺乏公德心的一面。

中国人是能自律的，但是必须给他时间来历练与转化。**严格的管理并不是"良药"**。

管理大师彼得·德鲁克说：
管理必须与当地的风俗民情（民族性）相结合，方能发挥效果

		阴	阳
	本质	实质	名目
	场合	私下	公开
	行为举例说明	内心耿直	外表圆滑
		崇尚节俭	喜好排场
		注重礼仪	缺乏公德
		知足常乐	梦想暴发
		保守不变	追赶时髦
		不管闲事	爱说闲话

图1-1 阴阳交错的文化思想

比如，我们规定某处不能丢垃圾，否则会被处罚，就会发现那里可能是最脏乱的地方；我们要求在某重要场合保持肃静，否则会严格处理，肯定会有人悄悄交谈。因为我们管得太严，大家产生了逆反心理，反而会故意丢垃圾，故意说话。所以，严格管理不是重点，中国人需要的其实是自律，不是他律。

当一个人积极地自我要求的时候，他没有压力，只有振奋，不会走消极的路。所以，在地铁站我们会看到，大部分人都是很守规矩的，不赶时间的站扶梯右边，赶时间的走扶梯左边。

于是很多人用怀疑的眼光看着我："老师，你好像故意把中国人说得很好。"当然不是。国学大师钱穆曾强调过一个很重要的观

念:"几百年来,国人对中华民族的民族自豪感和民族自信心在逐渐丧失,这是很可怕的。这时我们如果再强调负面的东西,会使整个中华民族丧失自信心,所以无论如何一定要多肯定传统文化正面的部分,才能把中国人拉回中道,对他们有一个比较合理的评估。这也是中华文化复兴的希望。"

中国人总喜欢说"知足常乐",可仍有很多人积极地加入买彩票的行列中,如果连续好几期都没中,总是希望下一个中奖的就是自己,"多一点机会总是好的,说不定我有偏财运"。

阴阳变化常常体现在中国人身上,且是左右摇摆的。你说他保守不变,但时髦的也是他;你说他总是事不关己,但坐下来说闲话管闲事的也是他。

所以,我们一定要了解中国文化里的阴阳变化。见图1-2。

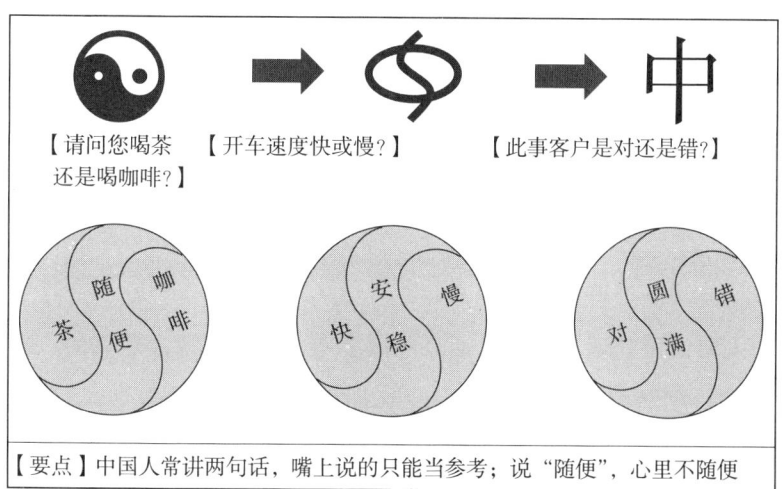

图1-2 真理常在阴阳变化之中

有着阴阳思想的中国人，思维是曲线的。而西方人通常用二分法看问题，不是 A 就是 B。"请问您喝茶还是喝咖啡？"西方人只有一个标准答案，"Coffee，please"或"Tea，please"。同样的问题，中国人的回答却不一样，不说喝茶，也不说喝咖啡，往往会给出第三种答案——"随便"。因为中国人懂得"中"之道，这个"中"绝对不是指"A+B 再除以 2"，也不是指"次一等"，而是"时中"的意思。时中，能够帮我们找出大自然动态平衡的道理。

有一次，我遇到一个年轻人，他对我说："我最讨厌说'随便'的人，随随便便，一点原则都没有，整个社会就是被这种人扰乱的。"这话乍一听好像说得对，但其实很多人嘴上说"随便"，心里还是有原则的。

举个例子。有一个女孩问一位老先生："请问您喝茶还是喝咖啡？"老先生说："随便。"这个女孩心想："问您喝茶还是喝咖啡，您说'随便'，干脆给您喝白开水好了。"于是直接端了一杯白开水到老先生面前。一般人遇到这种情况早就气炸了，这位老先生没有生气，只是严肃地说："我说随便，你就真的那么随便，我看你真的是太随便了。"

遇到这种情况，我们不能像女孩这样来处理，因为**大部分中国人常讲两句话，嘴上的话只能做参考，心里的话才是真的**。当中国人说"随便"的时候，实际上他的内心是不随便的。

很多高阶领导喜欢说"没关系"。

有人向我抱怨:"我们领导没有信用。"

我说:"你怎么会觉得他没有信用?"

他气愤地说:"我之前打错字,他跟我说没关系,我想既然没关系,就不用放在心上了。没想到有一天,领导说要把我换掉,为什么?"

我说:"因为你听不懂中国话。领导讲'没关系'的时候,事实上心里还有一句话,就是'下一次再这样就开除你'。这才是真话,是你没有听懂。"

可见,需要听懂的是言外之意。

开车也是一样,速度的快与慢不是重点,也不是绝对的原则。该快的时候不快很危险,该慢的时候不慢也很危险。比如,一般道路开得慢,正好,开得快的话,大家都怕你,大多数车祸都是因为开太快造成的;但是在高速公路上开得慢,大家就很气愤,会不停地按喇叭:"开那么慢,上高速公路来干什么?"中国人追求安稳,也希望能稳中求快。

中国人不强调对错是非,而比较注重是否圆满。有一次,某企业的一位员工对我说:"老师,我已经是博士了,读书的时候还是学校辩论社的社长,为什么我工作后业绩常常是倒数几名?你给我分析分析,看看是什么原因。"我也很好奇,于是跟着他一起去跑客户,想一探究竟。原来,每一次跟客户产生争议的时候,他都表现得很激动,无论怎样都想要辩赢客户。我就知道原因了,这样业绩想不差都难。我们要清楚，赢得争议，失去交易。口才很厉害，不给客户台阶下，客户就会觉得："你厉害，口才赢了我，生意还能给你做？没门！"

我们一定要了解中国人思维的特殊性，万事不可太较真。当老板发现你棋艺不错，请你去下几盘棋的时候，你居然连赢三盘，那你就完蛋了。你说："我知道了，下次老板找我下棋，我连输他三盘好了。"那你更惨了，老板心里肯定会想："我怎么能找个笨蛋跟自己下棋呢？"赢的装没赢，输的装没输，这才是极致的智慧。

中国文化是阴阳文化，了解了中国文化，才能了解中国人的思维，才可找到最"时中"的方法。见图1-3。我们常常讲"居中为吉""中和之道"，就是这个道理。

	《易经》	天	人	地
上限（阳刚）	层级	高阶	中坚	基层
	职位	领导	干部	员工
	《中庸》	过	中庸	不及
时中	恩威	威	并用	恩
	智慧	智	大智若愚	愚
	成本	最高	最适	最低
	酸碱	酸性	中和	碱性
	开车	快	稳	慢
下限（阴柔）	喝水	热水	温水	冰水

图1-3 时中：与时俱进，合理应变

在任何组织中，实际上都包含三个阶层，就是高阶、中坚和基层，所需人员正好合乎《易经》中"天道""人道""地道"的性质。"天道""人道""地道"中，主要在于"人道"，只有人可以顶天立地。所以，中坚干部是企业关键的一环。中坚干部在企业中占10%～20%，但是决定着组织经营成效的80%。

很多人问："老师，你确定是'坚'不是'间'？"之所以不用"间"而用"坚"，是因为**干部不仅是组织的中坚力量，也一定要坚强，不坚强的话，肯定没法应对上压下顶左攻右挤**。中坚干部要是做得好，历练得好，就是老板的左右手，对自己以后的发展会有很大帮助。

中坚干部是连接企业高阶领导与基层员工的重要枢纽。对老板而言，他们是部属，需要坚决完成老板下达的任务；对员工而言，他们又是管理者和组织者，需要协调和带领大家共同前进。在很多组织中，中坚干部也称作"中干"，中干的作用发挥得越充分，领导的压力越小，企业的发展就越顺利。

阴阳变化的重点在"中"。比如《中庸》里"无过无不及"的中庸之道、恩威并用、大智若愚等。

生产产品也是一样，我们不能用低于下限的成本，这样产品的质量一定很差。品质差，就是黑心商家，也许可以得到暴利，但是绝对做不长久。我们也不能用高于上限的成本，这样一定会输给同行，以致被淘汰。因此，找出最合适的成本，既能够经营得比同行好，还能获得客户认同，才是最佳模式。

我们在日常生活中知晓的道理或达成的共识，比如酸碱中和、喝水尽量喝温水等，都是由于有"中"的思维。

《易经》阴阳变化中还有一个很重要的观念——柔弱胜刚强。见图1-4。这在道家的思想中也有体现，道家的思想正是从《易经》发展而来的。

		阴	阳
阴阳	性质	柔弱	刚强
	场合	私下	公开
	本质	实质	名目
	时间性	永恒	短暂
	情理法	重情	重法

《道德经》(40章)：反者道之动，弱者道之用
《道德经》(78章)：弱之胜强，柔之胜刚……正言若反

图1-4 柔弱胜刚强

《道德经》中说，"弱之胜强，柔之胜刚……是以圣人云：'受国之垢，是谓社稷主；受国不祥，是为天下王。'正言若反"。这句话的意思是：弱胜过强，柔胜过刚，所以有道的圣人这样说——承担全国的屈辱，才能成为国家的君主；承担全国的祸灾，才能成为天下的君王。正面的话好像是在反说一样。

《道德经》中还说："反者道之动，弱者道之用。""反"字在古时通"返"字，反即返、复之意，即周而复始、循环往复的运动

变化，是道的运动。也就是说，事物的矛盾和对立转化是永恒不变的规律，并不是短暂的。道的作用是微妙、柔弱的，却是持续的。

身处阴阳文化的包围中，深刻领悟其思想就变得格外重要。见表1-2。

表1-2　从阴阳变化中领悟思想

	目的	范畴	期间	能力	范围	四季	一天	正反	主体	男女		目的	范畴	期间	分别	《道德经》
阴	阳的存在基础	无形	柔	弱	静	冬	睡眠6小时	反（返）	人性	女（美人）	→	道	思想	哲学	经（原则）	常道	为道日损
阳	阴的价值根源	有形	刚	强	动	春、夏、秋	活动18小时	正	科技	男（英雄）		术	行动	科学	权（方法）	可道	为学日益
《易经·系辞传上》：一阴一阳之谓道																	

我们的老祖先为什么不说"阳阴"，而说"阴阳"？这从侧面告诉我们，阴的力量胜过阳的力量。但是现在我们往往强调阳的力量，强调积极的力量。阳是什么？是有形的东西。在知识大爆炸时代，学历大家都有，要比的是无形的部分。也就是说，我们要知道柔为什么能胜刚，弱为什么能胜强，静为什么比动的力量强。

诸葛亮说"非宁静无以致远"，意思是说，一个人心绪不安静下来就不能提高思想觉悟。我常常对企业高阶领导说："只要静不下来，你大概就不是一个好领导。"我们学西方的管理，往往重视阳刚的部分，强调"动"。**领导当得好不好，不在于"动"，而在于能不能"静"下来。宁静以致远，人只有"静"下来才能看得远。**领导每天在"动"，那就只能注意现在的事，甚至只能处理过去的事，是没法规划未来的事的。

通过国际象棋和中国象棋这两种棋艺文化的对比，我们也可以看出"静"的力量。西方人每次看中国象棋，都会觉得很吃力："我们西洋棋，国王跟皇后很容易决定胜负，会动的赢得天下。你们的象棋看不懂，最厉害应该是车、马、炮。"我问道："将、帅呢？"对方说："将、帅一点都不厉害，躺在那边一动不动。"我说："那么厉害的车、马、炮，到后来却为了躺在那边不会动的将、帅牺牲，谁比较厉害？"对方想一想："这样说的话，好像将、帅更厉害。"

在中国象棋中，将、帅为什么最厉害？因为它们能够让车、马、炮为其牺牲。如果你说"我要弃帅保车"，大家就知道你不会玩象棋了——哪有替车做保护，帅牺牲都没关系的？中国象棋讲究弃车保帅，而非弃帅保车。所以，在大部分中国人看来，**能够叫人为其卖命的老板是最厉害的。**

为什么将、帅躺在那儿不动？将、帅的重点是要以静制动。对老板来说，重要的不是处理现在的事，而是处理未来的事。一个好的老板，他想的应该是下个月要做什么，下一年要做什么，现在的事由部属去做就好。

能静的人很厉害。当然，这不是说能动的人、积极的人就不厉害。一般来说，高阶领导要能静；中坚干部、基层员工要能动，做事要积极。

很多人不懂"弱之胜强，柔之胜刚"的道理，在管理中就出现问题了。这些年，我们积极学习西方的管理理论，强调女性的地位，强调男女平等，很多女性虽然在工作中拥有了相对平等的地位和权利，却发现自己很累。为什么？因为她们除了工作，还得照顾孩子，照顾父母，照顾一家人的生活起居。在中国人的传统思想中，是主张保护女性、保护柔弱的人的。

我们在乡下生活的时候，老鼠经常跑出来，有时是一两只，有时是很多只。而我妈最怕老鼠，每次一见老鼠，都会吓得啊啊啊地叫。只要我妈啊的一声，我爸立马就会去抓老鼠。有一次，我问爸爸："你很喜欢抓老鼠？"爸爸说："我不是喜欢抓老鼠。你妈都怕成那样了，我再不去抓，还是男人吗？"在中国人的传统观念里，男性就应该具有英雄本色。

有些事情，比如换灯泡，很多妈妈其实是可以做到的，但她们故意装作办不到，那爸爸们只好做出一点贡献了。这就给了他们做"英雄"的机会，他们往往也愿意为她们服务。但现在很多年轻人不是这样，强调自己一定要积极，一定要负责。我们经常见到这样的现象：家里的灯泡经常是女性在换，家里的老鼠经常是女性在抓……什么事情都亲力亲为，结果只能一辈子劳碌。

冬天的力量看起来很弱，也许足以改变春、夏、秋三季的能量。

一天中 6 小时的睡眠看起来没什么,也许足以影响 18 小时的活动能力。

很多年轻人说:"没关系,我今天不睡觉,以后补回来。"今天不睡觉,明天可以补回来吗?看似可能。三天不睡觉,一天可以补回来?也看似可能。其实,熬过夜的人都清楚,熬夜导致的疲劳不是那么容易缓解的。然而很多年轻人不懂这个道理,连续三四天玩游戏,甚至七八天不睡觉,结果丢了性命。大自然的力量是不可逆的,我们要懂得大自然循环往复的道理,在积极之后,不懂得静下心来蓄积自己的能量,随时都会产生大问题。

"反"的力量为什么比"正"的大?"反",不是与"正"真正相反,而是恰到好处的"反",它往往更容易让我们达成目标。

> 我的一个学员,是一家著名企业的中坚干部。有一次,他愁眉苦脸地对我说:"老师,我发现自己跟老板很难沟通,怎么沟通都没用。"
>
> 我说:"怎么会这样?"
>
> 他说:"我们老板脾气特别坏,每次我还没说话,他就开始骂人了。遇到这种老板,我怎么会有升迁的机会?真不知道该怎么办。"
>
> 我说:"肯定会有办法的,不信你按我说的去办。"
>
> 他问:"有什么好办法?"
>
> 我说:"很简单,遇到脾气大的人,你要懂得讲相反

的话，这样就容易达到目的。很多人是非常情绪化的，但情绪化并不是坏事，通常情况下，情绪化的人是很感性、很讲理的。当你对老板的情绪掌控得很好的时候，你跟老板就会配合得很好。"

他说："我知道了。老师，我们可以读《如何管理你的上司》这类书吧？"

我说："读这类书没关系，但千万不要把这类书放办公桌上，尤其是不要让老板看到，否则就准备倒霉吧。管理老板？老板不修理你才怪。遇到老板脾气坏怎么办？不能直接跟他说'你脾气坏，我没办法跟你沟通'，这会让他更生气，而要说'报告老板，有件事我觉得不跟你讲比较好'。"

这个学员很疑惑："这样说老板就不生气了？"

我笑着说："老板其实也很生气，肯定会问为什么不跟他讲。你说怕讲出来他会生气。他说他脾气没那么坏，让你讲，他绝对不会生气。结果你一讲，他就生气了，马上骂开了。但骂完以后，他自己会改变。"

他说："老板真的会改变？"

我说："是的。之后他会反省，'我遇到了这么好的部属，刚才他已经提醒我不要生气了，我还生气，我真的要检讨一下'。他自己就会改。"

我们无法改变自己的老板,但可以让老板自己改变。不过,这需要练就一定的功夫才行。阳的部分是练力,阴的部分是练功。中国有句老话,练力不练功,到头一场空。练力是什么?就管理来讲,多听和多看一些管理理论,就是练力。但只是练力,不见得有功夫,我们还要**把听来和看来的管理理论运用于实践,在实践中加以体会,才会有所感悟,磨炼出功夫来。**

西方人一般重视练力,练外在的。中国人比较注重练功,强调以无形胜有形。比如,中国功夫比较注重练气,会功夫的中国人,外表不一定很强,却能打败前来挑战的体格强壮的外国人,可见练功比练力更重要。

在"道"与"术"中,中国人强调"道"也是这个道理。"一阴一阳之谓道",道可以说是深邃的思想。现在,很多大企业都有一个很重要的部门,叫思想工作部。为什么要专门成立这样的部门?这跟军队中重视思想一样,因为思想决定一切行动,一切行动的总指导方针就是思想。"道可道,非常道",只有通过亲身体验才能理解"道",才能获得"道"。

"朝闻道,夕死可矣",并不是"朝闻道,夕必然要死"的意思,而是"就算生命非常短促,能够把真正的道理弄明白,那也就死而无憾了"的意思。就是说,"中道"很不容易,值得一辈子去追求。

同样研究《易经》,许多人偏爱术数,导致迷信的气氛很浓。术数也是易学的主要功能之一,对此我们并不反对,但它毕竟属于"小用"的部分。易理的发扬,才是易学的"大用"。

自我学习心得笔记

化繁为简与持简驭繁

《易经》是中华民族文化的根源，是儒道两家思想的源头，是群经之首，是中国人的行为准则。

很多人问："老师，要学《易经》，是不是先要把八卦学会了？"能够先学会八卦当然很好，不过没学会也没关系。我们重视的是"用中见体"，也就是如何在使用中去了解中华文化经典的价值，这是我们学习的重点。《易经》跟企业管理具体有什么关系，是我们一直想探寻的。

中国人比较重视的是隐藏在事物背后的意识。比如我们喜欢看《三国演义》，重点不在于辨别历史的真假，而在于挖掘历史对企业管理、对人生究竟有什么启发。

我们先来看看剥卦和谦卦。见表1-3。

表1-3 剥卦与谦卦的对比

上下卦画（名）		图形	卦名	文化	说明
反面	☶☷ 山地	▲	剥	西方	山在地上，锋芒毕露 英雄主义，晚景凄凉
正面	☷☶ 地山	▲	谦	东方	山在地下，深藏不露 交互主义，立于不败

《易经》：中华民族文化根源 / 儒道两家思想源头 / 群经之首 / 中国人的行为准则
《道德经》：深藏不露 / 正言若反 / 以正治国，以奇用兵 / 上善若水
《孙子兵法》：兵者，诡道也 / 凡战者，以正合，以奇胜 / 夫兵形象水

剥卦（☶☷），上为艮卦，下为坤卦。从表1-3中便知，五阴在下，一阳在上，阴盛而阳孤；高山附于地。山在地上好不好？山在地上，锋芒毕露。锋芒毕露的人，下场一般都很惨。此卦阴盛而阳衰，喻英雄主义，晚景凄凉。

谦卦（☷☶），上为坤卦，下为艮卦。坤卦的卦象是地，艮卦的卦象是山，山在地下，深藏不露。此卦喻交互主义，立于不败。老祖宗的话是很有哲理的，但一些年轻人不懂："深藏不露？什么都不露，什么时候才能出人头地啊？"其实，深藏不露不是什么都不露，而是不要随便乱露。

当一个人很有才华的时候，就如同一座高山般威严地伫立在大家面前，这时候一定要特别小心，必须在山上挖很深的洞，把自己的才能藏住。如果总是喜欢出风头，那就死定了。你喜欢出风头，大家都会围攻你；你如果藏得好，大家是不会为难你的。

当然，**深藏不露的重点还在露，即在适当的时机露**。当你很

有才华的时候，你要把自己的才华埋藏起来，才不会激起大家的抱怨。但是，才华始终埋起来不用，你就会变成庸才，大家会看不起你。所以，在适当的时机，适当地展现一下才华，是明智之举。有才华要谦虚，但谦虚过度就是虚伪了。

有个外国人，学了几年的中文，他对我说："老师，我虽然学了几年中文，但我现在还是不敢跟大家说中文，也不敢买太深奥的书，就想着先买一本比较浅显的书来看。于是，我买了一本《易经》。这书名看上去比较简单，结果回去一看，一个字都不懂，你们老祖宗是不是喜欢骗人啊？"我说："这你就不懂了，在你们西方，难就是难，易就是易，很难懂的书叫难经，很易懂的书叫易经。但是在我们中国人看来，难跟易的界限是不明确的，有时难是易，有时易也是难，难与易是相反相成的。"

说到底，还是要懂得变通。

中国人很重视"奇正相生"，《孙子兵法》也好，《道德经》也好，都强调"奇"跟"正"的相互转化。比如"以正治国，以奇用兵""以正和，以奇胜"。"奇正相生"的重点在奇，为什么？出奇才能制胜，所以厉害的人总会出其不意。

孙子说：兵形象水。老子说：上善若水。中国人的人生哲学就是水的哲学。中国人的心态就像水一样。水，往下流，各种脏乱它都可以冲刷掉，它是任劳任怨的。

我们再来看乾卦，乾卦是《易经》中的第一卦，是六十四卦中唯一一个每一爻都不错的卦。乾卦的妙处在哪儿？原因是什么？

我们不讲太复杂的东西,先来看简单的例子。

● 问题:

当你的成绩位列全班第一名时,同学问你是怎么做到的,你会如何回答?见表 1-4。

表 1-4 典型问题及处理办法

问题	当你的成绩位列全班第一名时,同学问你是怎么做到的,你会如何回答
办法	阳刚:说出比他用功的事实,让他知情
	阴柔:不跟他说用功的秘诀,怕他赢你
	和谐:虽然很用功,嘴上却回答是运气的原因

这个问题在西方人看来太简单了,我成绩第一名,是因为我比大家都用功,根据事实如实回答就好了。其实,这个问题有三种回答方式:阳刚、阴柔、和谐。阳刚跟阴柔属于两个极端,但也没有绝对的好坏。我们先把这两个方向找到,**上限、下限找到以后,很容易就能找到中庸之道,找到合理点,然后在变动的环境中,轻松愉快地处理事情。**

为什么有的人成绩很好却没人缘?我们看他的回答就知道了:"我为什么是第一名?很简单,因为我比你认真,我比你用功,所以我成绩当然比你好。"这样的人太骄傲,不会有好人缘。

有的人虽然不敢骄傲，但依旧过于阳刚："因为我上课认真听老师讲，下课去图书馆找参考资料，考前又充分准备，所以才考第一名的。"他一说完，刚刚赞美他并向他请教的同学就会悄悄地说："赞美你一下就以为是真的。"我们会觉得奇怪，怎么会这样？刚才不是还在问他是怎么考的第一名吗？为什么人家如实回答反倒自讨没趣了？

其实，大家都很清楚第一名是怎么拿的，不就是"上课认真听，下课去图书馆找参考资料，考前充分准备"嘛，这是废话，没人想听废话。很多人讲事实，实话实说，却常常惹人厌，就是这个道理。

所以，中国人悟出了"先说先死"的道理。这时，你心里可能会想："以后人家问我是怎么考到第一名的，我不说就对了。"这也不对，"不说也死"。有的人怕同学下次超过自己，当同学向他请教的时候，他没有分享自己成功的秘诀。这样，同学会更生气："太骄傲了，稍微讲讲会死是不是？"

"先说先死，不说也死"，这是沟通的"两难"。一个中国人如果不知道"先说先死"的道理，会死得不明不白。但是另外一个困难是"不说也死"。这方面我们随时可以找到证明，说有说的困难，不说有不说的苦恼。

碰到这种两难的境况，就要想着去突破，一定要说到"不会死"的程度。有的人成绩很好，人际关系也很好，他会这么说："没有啦，是我运气好，考的那几道题我考试前刚好看过。"

你也许会觉得这样说很委屈,没有人知道你用功的事实。你大可放心,别的同学会替你澄清事实的:"你听他吹牛,他说他运气好,那你运气好给我看看?他是上课认真听,下课去图书馆找参考资料,考前又充分准备,成绩才那么好的。人家客气,你还以为是真的?"

有了成绩,千万不要一直不断地向别人炫耀。自己的成绩是别人说出来的。就好像品德,一个人品德好坏,是别人说了算的,你如果自己说自己人品很好,别人只会笑话你。

● 问题:

你好不容易在组织中因成绩优异而获奖,上台领奖时请你发言,你会如何说?见表 1-5。

表 1-5 典型问题及处理办法

问题	你好不容易在组织中因成绩优异而获奖,上台领奖时请你发言,你会如何说
办法	阳刚:依事实说明,只有我最适合领这个奖
	阴柔:非常客气地说"谢谢",完全不发表其他意见
	和谐:谦虚说其实自己仍有许多缺点需要改正
【注】以退为进 / 礼让为先与当仁不让的差别:时中

比如有的歌手获了奖，如果他一上台领奖就说："这个奖颁给我是对的，事实说明，我是最适合领这个奖的人。"那么，台下所有的人都会讨厌他。"这种话也讲得出来，实在让人恶心。"在中国人眼里，人只要骄傲，就出问题了。

如果只是很客气地说"谢谢"，完全不发表其他意见，行吗？也不行，这虽不是骄傲却是高傲，性质同样严重。

那怎么办？还有第三条路，比如谦虚地说："其实在座的各位都比我适合领这个奖，大家都比我有才华，我碰巧得到了，是因为大家的支持。我还有很多缺点要改正，以后会更加努力来回报大家。"你一说自己还有缺点，所有人只会更肯定你，更佩服你。"你表现得那么好，还那么谦虚。"中国人讲究以退为进、礼让为先。

东西方的文化差异通过这些就体现出来了。见表1-6。西方人锋芒毕露，强调个人英雄主义，"我是英雄，大家跟我学习就对了"。中国人大智若愚，强调深藏不露。我们常常说英雄气短，是有原因的。西方人傲气，喜欢说自己的优点。中国人客气，喜欢说自己的缺点。

我们中国人，**当你说优点的时候，别人看到的都是你的缺点；要想让人家赞美你的优点，你反而要尽量讲自己的缺点**。我们常说"谦受益，满招损"，其实就是这个道理。你越说"我才疏学浅，我要跟你学习"，对方越会觉得你有才华，很客气。人是互相捧出来的，不是骄傲出来的。越有大智慧的人越客气，这不是愚笨，而是大智若愚。中国人常说难得糊涂，难得糊涂不能真的糊涂，真的糊涂你就完蛋了。

表1-6 东西方文化差异表现

		地区	
		西方	东方
体现方面	展现方式	锋芒毕露（英雄主义）	深藏不露（大智若愚）
	语气态度	傲气	客气
	说出话语	说自己优点	说自己缺点
	对方感觉	他人看缺点	他人看优点
【中国人的性格】你说东，他偏说西			

我遇到一位妈妈，她不只会炒很多拿手好菜，还喜欢让人一品自己的手艺。所以，她经常会跟先生说："周末的时候，你叫同事和朋友来家里吃饭吧。"

这天，先生叫了几个好朋友来家里聚餐。大家都吃得津津有味，这时女儿叹气道："我这几年那么认真学我妈的厨艺，可就是学不像。"所有人一听，开始七嘴八舌夸起这位妈妈来："是啊，做得太好吃了，我还从来没吃过这么好吃的菜。""都赶上饭店的大厨了。""如果我也能做得这么好吃的话，那就可以天天大饱口福了。""你看这剁椒鱼头，色香味俱全。"

自己的手艺得到大家的肯定，这位妈妈心里特别高兴，说："没什么，就是几个家常菜而已，哪能跟大厨比？大家喜欢的话就经常来吃吧。"

我们要了解中国人的思维，了解中国人的性格特征：你说东，他偏说西。乾卦告诉我们，当双方都强势时，硬碰硬是不行的；巧妙地处理，才能海阔天空。

我们再来看否卦和泰卦。见表1-7。

表1-7 否卦与泰卦的对比

	上下卦画（名）	交流	卦名	说明
反面	天 地	↑↓	否	高高在上，自以为是 重视福利，见风转舵
正面	地 天	↑↓	泰	以大事小，展现亲和 真情感动，体谅别人
《易经》：天地交泰／三阳开泰／否极泰来。泰到否只要一阶段，否到泰却要六十三阶段				

我们常说"否极泰来"，也都知道"否极泰来"出自《易经》中的两卦——否卦（☰☷）和泰卦（☷☰）。

天在天上，地在地下，是否卦。天在地下，地跑到天上去了，反而叫泰卦。为什么会这样？天在天上，就是高高在上，自以为是。在人事界，在上位的人，高高在上，不理会员工的实际困难；员工也不求上进，认为愚者自愚、贱者自贱，只求满足自己的欲望，不顾组织的安稳，往往重视福利、见风转舵，当然是否的状态。干部到了这种地步才想到离职而去，恐怕也没人敢要了。

《易经》是讲变化的，宇宙间万事万物都在不断地变化发展，这是一个动态的气的交流。天的气是往上升的，地的气是往下降的，一个上升，一个下降，有没有交集？没有交集。没有交集的话，气会不会形成良性循环？当然也就不会了。

企业组织要想良性循环，一定要让天的气往下降，地的气往上升。怎么做呢？领导一定要以大事小，展现亲和力，员工才会被真情感动、体谅领导。企业组织才会有"天地交泰""三阳开泰"之象。

《易经》除了告诉我们阴阳变化的道理，还告诉了我们另外一个道理——三易，即变易（变、化）、简易（执简驭繁）、不易（相对永恒不变）。见图1-5。

宇宙间任何事物都是变化的，我们怎么掌握？未来的经营环境也是快速变化的，我们又怎么掌握呢？《易经》告诉我们一个道理——万变不离其宗。在三易中，很多人都注意到了变易，但很少有人能懂得变易的本质。

很多人问："老师，是否有一种课程，我们学过就不用再学了，或不用再学习其他课程了？"这是不可能的。企业经营每天有每天的问题，每天的问题都是新的，但是万变不离其宗，我们在变易中不能只掌握表层现象，而要抓住它的经。

《易经》"三易"：变易、简易、不易				
不易（人性）	经（原则）	归纳原则（例行事务）→交办	执简驭繁	领导者的头脑
变易（事务）	权（方法）	合理应变（例外事务）→改善	化繁为简	组织的事务

图1-5　《易经》三易之道

也就是说，方法要变，原则不能变。什么叫原则不能变？领导头脑不能乱。作为领导，要日理万机，要能抓到不易的部分。不易是什么？企业中事务繁杂，领导要归纳哪些是例行事务，哪些是例外事务。80%的例行事务是可以交给部属去做的。领导注意到例外的事务时，大概就可以掌握原则了。领导在抓住例外事务这个大原则的前提下，自然能化繁为简，也就有办法执简驭繁。但是，领导也要明白，有时候仅仅努力是没用的，用心才是最重要的。

中华文化为什么能够源远流长？因为中华文化在持续中有变化，在变化中有持续。隐藏在其背后的是持经达权之道。见表1-8。

表 1-8 持经达权之道

	持（经）	达（权）
变化	以（不变）	应（万变）
原则方法	原则：方向（事半功倍）	方法：速度（事倍功半）
层面	道：用人艺术 战略面（整体性）	术：做事技术 战术面（局部性）
个人	做人态度（心目中有老板）	才华横溢（能够举一反三）
组织	知人善任	事必躬亲
时间	长期（吉凶）	短期（利害）
计算机	文字、数字、图案	Word、Excel、PE2、PPT、Photoshop
出版	经典音乐、书籍	流行音乐、写真集
天气	春、夏、秋、冬	每天天气变化
中西管理	中国管理哲学（民族差异性）	西方管理科学（一致性）

经，指正道、常道。权，指奇道、变道。"变易"和"不易"是"易"的基本含义，合变易与不易，构成**中国人常说的"有所变有所不变"：有所不变为"经"，有所变为"权"。持经达权就是有经有权。我们持经达权，才能够有所变有所不变，有所为有所不为。**

很多人以为"以不变应万变"就是都不变，其实不是这样的，而是以不变的经来应对万变的权。

领导最重要的是懂得知人善任，而不是事必躬亲。如果领导的目标是做事，那么他会有做不完的事。作为高阶领导，只做一件事，只有一件任务，就是知人善任，就是用人。为什么？因为当领导不会用人的时候，给他再多的人也没有用，再好的人才到他的组织中也会被糟蹋。相比于做事技术，中国人更重视用人的艺术。

我们可以看到，流行音乐大多是今年流行过明年就不流行了，真正能够持续下去的反而是经典音乐。我们应该先抓住不变。比如排名前 20% 的商品，是不需要变的，因为这是我们的优势。我们最有优势的 20%，几乎影响着我们 80% 的收入，如果优势部分也变，那最后肯定完蛋。要变的是落后的 80%，我们要考虑对这 80% 怎么做更新，怎么做调整。所以，越懂得经的人，越能抓住常道的人，就越占便宜。

当然，我们也要注意变化的部分。天气每天都有变化，仅仅注意到这点没有什么意义，重要的是从每天的天气变化中看到永恒的规律——春、夏、秋、冬四季循环往复。我们要能视变易为简易，又能在变易中掌握不易的道理。也就是说，在变化中找出共同性的根源。

自我学习心得笔记

_____

_____

_____

_____

02 《易经》与管理

乾卦代表天,坤卦代表地,如果我们把乾卦理解为应该怎样当领导的话,那么坤卦则告诉我们如何做领导的左右手。

《易经》给予智慧而非知识

《易经》教给我们的是智慧,不是知识。见图1-6。

	智慧	知识
期间	长久有效	短期有效
范围	广度	深度
能力	判断力	专业力
目标	生活	生存
形体	无形	有形
主体	主观	客观
《道德经》	为道日损	为学日益

图1-6 《易经》给予智慧而非知识

心理学家荣格说:"如果人类世界有智慧可言,那么中国的《易经》应该是唯一的智慧宝典。我们在科技方面所得的定律,十有八九都是短命的,只有《易经》沿用数千年,迄今仍有价值。"

易理是智慧，科技不过是知识。有智慧的人，才能妥善地运用知识；缺乏智慧的人，越有知识越不知道应该如何是好。我们常说的"两脚书橱"，便是指这种空有知识却不知道该怎么用的人。

有人说"21世纪是中国人的世纪"，这句话最好稍微做一下修改，改成"21世纪是懂得易理的人的世纪"。因为21世纪的明显趋势是变化越来越快，而易理正是"掌握变化的道理"。

知识是线性的、专业的、深入的，短期有效。比如大量生产、降低成本，这只在某产品缺乏的时候适用，当大家都拥有该产品的时候，再大量生产卖给谁呢？这时反而是有差异化的产品才能赚钱，所以我们要注重个别化制作。每一个阶段，需求的东西不一样，知识也需跟着更新。

智慧是长期有效的。这是相对于知识而言的，不是强调深度，而是强调广度。知识有深度，所以它需要依靠专业力。比如，知识没有达到一定的专业程度，是拿不到硕士或博士文凭的。很多行业为什么需要专业证照？因为专业证照是我们能够进入某一工作领域的一个标准。但是想要长期运作得好，要靠广度，这就需要有判断力，而不是专业力。

智慧是主观的，知识是客观的，善于在关键时刻巧用知识，就是智慧。

《道德经》中的名言颇多，其中有句"为学日益，为道日损"。就是说，为道的途径和为学的途径是不同的，为学是要日有增益的，而为道是要日益减损的，一直减损到无为，这时就可以无不为了。这两句并不是因与果的关系，不是说"为学日益"导致"为道日损"，而是说为学者与为道者的发展途径相反。

知识是为学日益的，但知识不是日益增加我们的好处、我们的利益，而是增加我们的压力。《庄子·内篇·养生主第三》中说："吾生也有涯，而知也无涯。以有涯学无涯，殆矣。"人的生命是有限的，而知识是无穷尽的，用有限的生命去追求无穷尽的知识，是必然要失败的。思想是为道日损的，领导要想不太辛苦，就要懂得做减法，慢慢放开，把不必要的压力丢掉，才能轻松地带领和管理好自己的团队。

自我学习心得笔记

《易经》中的基本概念

《易经》中有三个基本概念：易、卦、爻。见表1-9。

表1-9 《易经》的基本概念

易	变更。许慎《说文解字》：蜥易，象形；日月为易。 变易（殷商）→简易（西周）→不易（东汉郑玄）
卦	挂。把相关因素悬挂出来，使人看清当时所处的情境，以便警戒，运用象、数、理、占功能，进而趋吉避凶
爻	"效"之意；仿万物动态而立象，叫作爻（变动的象）。 因应合理（得）（吉）/因应不合理（失）（凶）
【注】一件事（卦），分成六阶段（爻）来讨论	

第一个基本概念是易。

易，"变更"的意思。《说文解字》中说："蜥易，蝘蜓，守宫也，象形。秘书说，日月为易，象阴阳也。"许慎释"易"为蜥蜴，从日从月，象阴阳，是强调变易的。西方人将《易经》译为 *Changing Bible* 就是这个道理。西方人把《易经》看作变经，只看到表面变的部分，没看到不变的部分，即只看到了变化的现象，没看到不变的规律。

前文讲过，《易经》有"三易"。东汉郑玄的著作《易论》认为，"易一名而含三义：易简一也，变易二也，不易三也"。这句话总括了易的三种意思——简易、变易、恒常不变。也就是说，宇宙事物的存在状态是：顺乎自然的，表现出易和简两种性质；时时在变易之中，又保持一种恒常。

第二个基本概念是卦。

我们都认为卦很玄，其实卦就是"悬挂"的意思。《说文解字》中有"卦，筮也。从卜圭声。古坏切。臣铉等曰：圭字声不相近。当从挂省声"的说法。为什么要把相关因素悬挂起来？因为当局者迷，旁观者清，人常常身在庐山中而不识庐山真面目。我们的问题，别人可能都看得出来，自己却看不出来。因此我们要把自己的象挂起来，好好看一看，就像置身事外看别人一样，对自己会有一个更清楚和清醒的认识。

在快速变化的环境中，当我们已经无法从象、数中得出推理的时候，可以卜卦，但必须至诚。《中庸》中说："至诚之道，可以前知。"达到至诚的境界，人就自然有前知了。这时候占卜可作为人进行很重要的决策时的参考。"易为君子谋，不为小人谋。"很真诚地占卜，才会把问题摆在自己面前，用心分析卦的意思，深思卦象给出的启示，从而针对问题分析问题。

《易经》有四大功能，分别为"象""数""理""占"，也可分为两大部分：一为"象、数、理"，一为"占卜"。

象，就是现象。高怀民先生把象区分为八卦、六十四卦以及各种形式的卦图。看卦先看象，卦有卦象。我们在管理中除了重视数据，还应仔细观察、分析各种有关的现象，才能够了解数据所代表的真正含义，从现象的变化中归纳出隐藏于其中的道理。

数，即数据。中国人常说天数、命数、运数、定数，就缘于此。

理，就是道理。有象可观，有数可据时，依理做出决策。然而，无象也无数时，理不易明，如何决策？这时候，就要占卜。

占卜是不是迷信？我们不赞成用"是"或"不是"来回答。正确的占卜不是迷信，不按牌理出牌的占卜当然是迷信。当我们信息不足、数据不明，自己无定见，总是犹豫不决的时候，如果以至诚的态度并且依照正确的方式就单一事项进行占卜，又知道怎么解卦，那么，占卜对于决策自然会产生很大的助益。

第三个基本概念是爻。

爻，"效"之意。《说文解字》中说："爻，交也。象《易》六爻头交也。凡爻之属皆从爻。"段玉裁在《说文解字注》中说："爻也者，效天下之动者也。"很多东西本来是正的，后来为什么歪了？就是因为它们产生了变化。变化是随时的，我们随时要注意变化。

《易经》六十四卦，每卦都有六个爻，代表六个阶段。见表1-10。这就告诉我们遇到任何事情，都要把它分成六个阶段，一个阶段一个阶段地去做分析，然后考虑每个阶段应该怎样去调整，就会走得很顺了。

表 1-10 一卦六爻的意义

爻位次	状态	乾卦解析（☰）			坤卦解析（☷）		
		爻性	爻名	当位	爻性	爻名	当位
上卦 外卦（环境） 第六爻	上易知	□	上九	×	□	上六	√
第五爻	五多功	□	九五	√	□	六五	×
第四爻	四多惧	□	九四	×	□	六四	√
下卦 内卦（本质） 第三爻	三多凶	□	九三	√	□	六三	×
第二爻	二多誉	□	九二	×	□	六二	√
第一爻	初难知	□	初九	√	□	初六	×

- "初、二、三、四、五、上"合时、位于一体，表示"时"的变换，又表示"位"的变移。第一爻用初，表示重点在"时"；结束或告一段落，表示重点在"位"，用"上"
- 阳爻居初、三、五位，阴爻居二、四、上位，称为"正"，表示"得位"或"当位"
- 初爻与四爻，二爻与五爻，三爻与上爻相互呼应
- 阳爻，用"九"为代号，象征阳刚事物，如个性阳刚、行为主动积极；阴爻，用"六"为代号，象征阴柔事物，如个性柔弱、行为被动消极

六爻怎么表示？我们常常看到九二、九三、九四、九五，或六二、六三、六四、六五，这"九"或"六"是什么意思？原来，"九"或"六"表明爻的性质，阳爻以"九"、阴爻以"六"为代表数字。比如，乾卦标为"初九、九二、九三、九四、九五、上九"，坤卦标为"初六、六二、六三、六四、六五、上六"。

那么，为什么第一爻和第六爻分别用"初"跟"上"，不用"一"跟"六"呢？第一爻为什么用"初"不用"末"？第六爻为什么用"上"不用"下"？

很明显,"初、二、三、四、五、上"表示爻的"时"和"位"。比如,"初九"表示这一爻属于阳性,在时间上是变化之初,在位置上则是六爻的最初阶段;"六二"表示这一爻属于阴性,在时间上是变化的第二期,在位置上则是六爻的第二阶段。依此类推,只要读出"九"或"六"这两个代表数字,便可以画出所表示的爻,并且知道它的性质和时位。

当然,"时"不是单纯指时间,"位"也不是单纯指位置。在人们看来,初时比末时重要,上位比下位重要,所以用"初"不用"末",用"上"不用"下"。

就个人而言,出生在什么位置比较重要还是什么时间比较重要?当然是时间比较重要。所以,中国人十分注重生辰八字。而去世,什么时候并不重要,反而什么位置(场合)、居于什么地位更加重要。比如,一个将军,要是死在战场上,人们会认为他很了不起;但如果死在病床上,就算以前很了不起,大家对他的称赞也会减少。我们说"死得其所",就是这个道理。

任何一件事情,决定施行的"时",以及结束或告一段落的"位"都很重要。所以,第一爻用"初",表示重点在"时";第六爻用"上",表示重点在"位"。不过,"初、二、三、四、五、上",六爻兼有时和位的因素,只是初爻特别重"时",上爻特别重"位"而已。

下方的三个爻,也就是"初、二、三",称为"下卦"或"内卦"。上方的三个爻,称为"上卦"或"外卦"。下卦讲的是本质,上卦讲的是外在的环境。

阳爻居初、三、五，阴爻居二、四、上的时候叫"正位"，也称为"得位"或"当位"。六爻是上下相互呼应、有往有复的，初爻与四爻相应，二爻与五爻相应，三爻与上爻相应。

每卦的六爻都可看作一种变数，爻变则卦变，领导者可依据本卦与变卦之间的变化，明辨时位和性质，做出合理的决策。

自我学习心得笔记

《易经》八卦的管理意义

很多人都说《易经》神秘难懂，要了解《易经》，必须善于运用我们的想象力。如果不用想象，只是去看很具体的现象，是很难了解《易经》的。因为《易经》是一个由符号构成的大系统，我们根本无法完全把它看成具体的东西。每一卦都有卦辞和爻辞，卦辞是对整个卦的解释，爻辞是对各个爻的解释。我们以谦卦为例来进行说明。见图1-7。

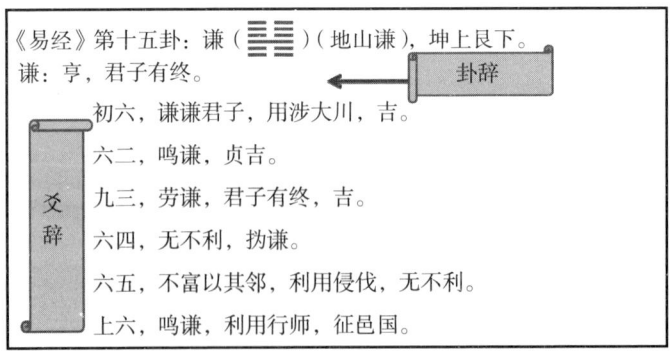

图1-7 卦辞与爻辞

谦卦（地山谦），坤上艮下，为地下有山之象。上卦为坤为地，下卦为艮为山。高大的山在地下，高大显示不出来，此在人则象征德行很高，但能自觉地不显扬。

"谦：亨，君子有终。"这是卦辞。"初六，谦谦君子，用涉大川，吉。六二，鸣谦，贞吉。九三，劳谦，君子有终，吉。六四，无不利，㧑谦。六五，不富以其邻，利用侵伐，无不利。上六，鸣谦，利用行师，征邑国。"这是爻辞。

就管理而言，当我们发觉自己所面对的问题属于某一卦时，也就是归属于某一门类时，我们可以查阅这一卦的卦辞和爻辞；从中获得的启示，可作为我们思考和解决问题的参考。

其实要想深入理解《易经》，最好先理解伏羲氏画的八卦。

八卦表示事物自身变化的阴阳系统，用"—"代表阳，用"--"代表阴，用三个这样的符号，按照大自然的阴阳变化平行组合，组成八个不同形式的符号。这八个符号代表了天地中八种不同的自然现象。但是，我们该怎样理解这八个符号，又怎样记住它们呢？见表1-11。

伏羲氏最初体会到的是，宇宙万物无不在变动，应该有一种强大的动能在驱使万物变动不息，于是用一个最简单的符号"—"来代表他的想法。虽然不知道伏羲氏当时是怎么称呼"—"这个符号的，但后来人们渐渐发现它的重要性，便称其为"太极"。

表 1-11 八卦的由来

八卦	坤地 ☷	艮山 ☶	坎水 ☵	巽风 ☴	震雷 ☳	离火 ☲	兑泽 ☱	乾天 ☰
四象	↖ 太阴 ↗ ⚏		↖ 少阳 ↗ ⚎		↖ 少阴 ↗ ⚍		↖ 太阳 ↗ ⚌	
两仪	↖ 阴 -- ↗				↖ 阳 — ↗			
太极	↖ 太极 — ↗							

但伏羲氏很快就发现，宇宙万物并非一往不返地动下去，而是循环往复的，因此推断出，宇宙间应该还有一种跟"—"这个大动能相反的动能来维持平衡。用什么来表示呢？他发现"--"这个符号正符合自己的想法。

后来，人们把"—"和"--"这两个大动能合称为"两仪"。"仪"就是法则，"—"和"--"便是宇宙间万物变动的法则。后人又分别称之为"阳"和"阴"，把"—"称为"阳仪"，把"--"称为"阴仪"。

考虑到万物有阴阳的互动，伏羲氏发现了四种不同的组合，即"⚏""⚍""⚎""⚌"，后来称为"四象"。象其实就是"像"的意思。后人将"⚌"称为"太阳（老阳）"、"⚏"称为"太阴（老阴）"、"⚍"称为"少阴"、"⚎"称为"少阳"。

画出四象后，伏羲氏就想，世界上的东西纯阴、纯阳的比较少见，一阴一阳或一阳一阴的也不多见，反倒是阴多阳少或阳多阴少的情况较多，因此推断出四象也可能不稳定，还会继续发展。

所以，他通过在四象上面加阳"—"和阴"--"，组合出了八种不同的变化形式，也就是"☰""☱""☲""☳""☴""☵""☶""☷"。

后来，伏羲氏将八卦这套非常整齐的符号系统，与八种自然现象联系起来，将"☰"配"天"、"☱"配"泽"、"☲"配"火"、"☳"配"雷"、"☴"配"风"、"☵"配"水"、"☶"配"山"、"☷"配"地"。

太极生两仪，两仪生四象，四象生八卦，这就是八卦的由来。

当我们了解了大自然的原理，八卦会给我们一个非常完整的思维。在这个思维中有两个系统：一个跟天有关，一个跟地有关。见表1-12、表1-13。

表1-12 八卦的两个系统

		主体卦	上面动	中间动	下面动
与天有关☰	符号	☰	☱	☲	☴
	卦象	天	泽	火	风
	说明	天是动能，连续不中断	天空景象倒映水中，水有如动在天之上	有火烧云，一片火海在天空中动	想到树木，树不会自己动，就推测是风
与地有关☷	符号	☷	☶	☵	☳
	卦象	地	山	水	雷
	说明	地是物质，中断不连续	地上最高大的是山，能在地上面动的就是山	水流地中不间断，岸边常断，动于地之中	春雷发声，地底下的蛰虫惊醒

跟天有关的系统是，天、泽、火、风。三条连续不中断的横线是天（☰），天上面动是泽（☱），天空中动是火（☲），天下面动是风（☴）。

跟地有关的系统是，地、山、水、雷。三条断开的横线是地（☷），地上面动是山（☶），地当中动是水（☵），地下面动是雷（☳）。

伏羲氏始画八卦，本来是一画开天，但是为了与泽、火、风这三个爻整齐一致，后来用三画"☰"来表示天是连续不中断的。并根据天可能产生的三种变化——天上面动，天空中动，天下面动，画出了泽、火、风。天的三个爻中，上面的爻在动，表示有东西在天上动，那么，什么东西在天上动呢？天那么高，我们又怎能看到比天更高的东西在动？我们看水面的时候，天空景象倒映水中，水浮动，有如动在天之上，这就是泽。中间在动，就像火烧云，一片火海在天空中动，这就是火。什么东西在天的下面动呢？这时候很多人想到树，但树不可能自己动，树会动代表有风，所以当天下面动的时候就知道风来了。

天是动能，永远连续不中断；地是物质，中断不连续。地上最高大的是什么？是山。能在地上面动的就是山。水呢？在地中间动。我们可以看到，岸边常是断的，但是水流是不断的，而且"☵"转九十度立起来的话，就是水的古字。什么东西在地下面动？就是雷。惊蛰期间，春雷一响，地底下的虫子都会惊醒跑出来。

天、泽、火、风、山、水、雷、地，代表八种自然现象，在八卦中又分别被称作乾、兑、离、巽、艮、坎、震、坤。

表1-13 八卦的意义

	卦象	卦名	自然	卦德	家族	记忆诀窍	意义说明
天是动能 ☰	☰	乾	天	刚	父	乾三连	天是动能。☰就是一，配合其他卦象以求整齐一致。代表连续不中断
	☱	兑	泽	悦	少女	兑上缺	天上面动。天空景象倒映水中，水浮动，有如动在天之上。--表动象
	☲	离	火	明	中女	离中虚	天空中动。日月转动于天地之中，光明照耀。☲为☰的省略。--表动象
	☴	巽	风	入	长女	巽下断	天下面动。吹动天空云烟，摇动树木以见形迹。动于空中地上。--表动象
地是物质 ☷	☶	艮	山	止	少男	艮覆碗	地上面动。山高于地面，人须仰首观望山顶动象，动于地之上。—表动象
	☵	坎	水	险	中男	坎中满	地当中动。水流地中。水不断，岸常断，动于地之中。☵为☷的省略。—表动象
	☳	震	雷	动	长男	震仰盂	地下面动。春雷发声，蛰虫起伏于地下。☳为☷的省略。—表动象
	☷	坤	地	顺	母	坤六断	地是物质。☷就是--，配合其他卦象以求整齐一致。代表不连续中断

宋代朱熹写了一首歌诀，可以帮助我们记忆：

乾三连，坤六断；

震仰盂，艮覆碗；

离中虚，坎中满；

兑上缺，巽下断。

从八卦的卦象中可归纳出卦的基本性质，称为"卦德"，或"卦性"。由此，刚、顺、动、入、险、明、止、悦，分别成了乾、坤、震、巽、坎、离、艮、兑这八个卦的基本卦德。

对此，我们不妨展开想象的翅膀去揣摩一番，古人为什么要用这八个卦来分别象征这八种基本特性。

乾卦代表天。天永不停息地运转，可以说是十分刚健自强的了，"天行健，君子以自强不息"。因此用乾卦象征刚。

坤卦代表地。大地位居天之下，顺承着天，任劳任怨地承载和养育着万事万物，可以说是十分柔顺的了。因此用坤卦来象征顺。

震卦代表雷。一打雷，大地万物也跟着动起来。因此用震卦来象征动。

巽卦代表风。太阳还有照不到的地方，风是无孔不入的，哪里都进得去。因此用巽卦来象征入。

坎卦代表水。水流得平静的时候是没有声音的，但一遇到阻碍就会咆哮了。水总喜欢停留在低洼处，也极容易给人等带来危险，任何生命都离不开水。因此又用坎卦来象征险。

离卦代表火。火必须附着在别的东西上才可以燃烧；一旦离开附着的东西，火就没了。火燃烧起来很明亮。因此用离卦来象征明。

艮卦代表山。山是静止不动的，我们做任何事都要懂得适可而止。因此用艮卦来象征止。

兑卦代表泽。水草生于湖泽，鱼儿游于湖泽，兽类饮水于湖泽，鸟儿栖息在湖泽。湖泽景色美丽，令人赏心悦目。因此用兑卦来象征悦。

八卦两两重叠，组合成六十四卦，后人称之为"重卦"。见表1-14。

六十四卦中有很多的智慧。

比如蒙卦，"匪我求童蒙，童蒙求我"。我们的教育为什么出大问题？就是因为没有了解蒙卦的道理。是学生来求老师，不是老师去求学生；如果老师去求学生，蒙卦的意义就不存在了。所以孔子在教育上的体会是：不是让老师替学生去举一反三、反复列举，而是让老师启发学生去举一反三、触类旁通。学生如果不懂得举一反三，不懂得问问题，也就不能再用老方法教他了。

比如困卦，"臀困于株木"。什么最困难？臀困。臀是什么？就是我们的屁股。为什么叫臀困？困难的事情坐着想，越想当然越困难。人最重要的就是要敢于面对问题。领导为什么能够化解问题？因为他愿意面对困难。儒家思想强调智、仁、勇，《孙子兵法》强调智、信、仁、勇、严，为什么都把智摆在第一位？智为什么重要？因为智者不惑。

表 1-14 六十四卦图

	☰ 乾（天）	☱ 兑（泽）	☲ 离（火）	☳ 震（雷）	☴ 巽（风）	☵ 坎（水）	☶ 艮（山）	☷ 坤（地）
☰ 乾（天）	乾	夬	大有	大壮	小畜	需	大畜	泰
☱ 兑（泽）	履	兑	睽	归妹	中孚	节	损	临
☲ 离（火）	同人	革	离	丰	家人	既济	贲	明夷
☳ 震（雷）	无妄	随	噬嗑	震	益	屯	颐	复
☴ 巽（风）	姤	大过	鼎	恒	巽	井	蛊	升
☵ 坎（水）	讼	困	未济	解	涣	坎	蒙	师
☶ 艮（山）	遁	咸	旅	小过	渐	蹇	艮	谦
☷ 坤（地）	否	萃	晋	豫	观	比	剥	坤

一个有智慧的人，愿意面对问题，所以他不会有困难。最好的医生常常是我们自己，医生遇到病人时最无力的是病人不知道

自己哪里痛，笼统地说全身都痛。这样，就算华佗再世也没办法。如果病人讲得很确定，比如是手痛，那医生就很容易对症下药了。所以，人最重要的是要面对自己的问题。

《易经》中的智慧为什么能用到企业管理中去呢？因为每卦的六个爻刚好可以对应组织中的各个级别。见表1-15。

表1-15 《易经》管理的层次

层级	卦	三才	阶层	职位	爻位	贵族	通称	企业
决策层（战略）	上卦（外卦）	天	高阶	老板	第六爻	宗庙、军师	上级督导顾问：掌立国原则	董事长
					第五爻	天子、君王	首长：最高决策人	总经理
					第四爻	诸侯	副首长：机要幕僚	经理
执行层（战术）	下卦（内卦）	人	中坚	干部	第三爻	卿、三公	一级主管：承上启下推动人	部门主管
		地	基层	员工	第二爻	大夫	二级主管：执行负责人	班组长
					第一爻	士	承办人	作业员

居第五爻和第六爻的一般为高阶领导，居第三爻和第四爻的一般为中坚干部，居第一爻和第二爻的一般为基层员工。当然，高阶领导、中坚干部、基层员工并没有严格的界线划分。比如，主管在大企业中也许是基层员工，在小公司里则是中坚干部。

我们常用"九五之尊"来尊称天子。九五爻，在企业中为总经理，在学校里则是校长。

我们常用"不三不四"来形容中坚干部。为什么说中坚干部"不三不四"？并不是说他们做得好或做得不好，而是说他们容易角色错乱。

一般来说，第三爻属于执行层，第四爻属于决策层。有时候，高阶领导为了了解基层的情况，会叫店长、部门主管来跟他们开决策会议。这时，店长、部门主管的角色就从执行层变成决策层。高阶领导不可能每个店都去巡视，为了重视基层的声音，有时候会派经理去参加基层员工会议。这时，经理的角色就从决策层变成了执行层。所以，经理、部门主管、店长等中坚干部是最容易角色错乱的，说他们"不三不四"就是这样来的。

但是，不要以为处在这样一个位置就不好。它也有优点，因为只有中坚干部才能同时把高阶领导和基层员工两个阶层的知识运用到实际工作中。经理、部门主管如果做得好，以后升为高阶领导绝对没有问题。

《易经》的六十四卦中，有两卦最特殊，一个是全阳的卦，叫乾卦；一个是全阴的卦，叫坤卦。要了解《易经》中的卦，当然得先从这两卦入手。乾卦代表天，坤卦代表地，如果我们把乾卦理解为应该怎样当领导的话，那么坤卦则告诉我们如何做领导的左右手。

我们先来看乾卦（☰）究竟说了什么。见表1-16。

乾卦的爻辞：初九，潜龙勿用；九二，见龙在田，利见大人；九三，君子终日乾乾，夕惕，若厉，无咎；九四，或跃在渊，无咎；

九五，飞龙在天，利见大人；上九，亢龙有悔；用九，见群龙无首，吉。

乾卦把事物的发展分成六个阶段，这六个阶段可用六个关键字来代表。

表1-16 乾卦，做领导的要领

阶层	爻名	爻性	关键	爻辞
高阶领导	用九			见群龙无首，吉
	上九	―	亢	亢龙有悔
	九五	―	飞	飞龙在天，利见大人
中坚干部	九四	―	跃	或跃在渊，无咎
	九三	―	惕	君子终日乾乾，夕惕，若厉，无咎
基层员工	九二	―	现	见龙在田，利见大人
	初九	―	潜	潜龙勿用
【卦辞】乾：元亨，利贞				

第一个阶段，潜。

如果你是很有才华的人，当你刚进入一个公司的时候，要注意不要随便展现自己的才华。有些基层员工为什么常被打压？就是因为喜欢到处展现自己的才华。我们进入一个组织，要懂得"入乡问俗"，尤其当组织中人才济济、各个阶层的人都很强的时候，反而要柔弱一点，纵使有天大的才华，都不能乱表现，因为时机还没到，一表现就可能被打压。

"潜龙勿用",是潜藏起来,暂时不要表现。就是说,在人生的第一个阶段,人的能力还很有限,需要先潜藏。但潜是指要做好充分的准备,不是干脆就不表现了。"勿用"不是不用的意思,"勿"其实还含有"要"的意思,"勿用"是指站在不同的立场来用。

第二个阶段,现。

中国人一般不会立刻表现自己,都是先藏一阵,等到有合适的机会才表现。基层员工一旦被升为部门主管,就要懂得表现了,但是要注意,应该在职责范围内表现。比如你是人事主管,就不要去管财务的事,你去管财务干吗?但很多人不是这样,一有能力就什么部门都想管,很讨人厌,所以只能"见龙在田"。"见龙在田"做得好的话,就会"利见大人",很容易受到领导的赏识。

第三个阶段,惕。

部门主管做得好,马上会受到总经理的喜欢,但也要注意警惕,战战兢兢走好每一步。因为一旦表现了却不警惕的话,我们所有的缺点就会暴露出来,四面八方的打击也会朝我们涌来。所以一定要提高警惕,防范打击。

第四个阶段,跃。

做到经理的时候,我们该表现的、不该表现的都要注意,表现得好可能升为总经理,表现得不好可能跌入深渊。为什么有的人常常会升到一定职位,再也升不上去了?就是因为没有抓住机会跃登龙门。经理这个位置是极度危险的,表现得过分嚣张,总经理会觉得你在威胁他;表现得平庸,总经理又会觉得你没能力。

所以，我们要想办法抓住机会跃登龙门，一登龙门，身价百倍；要是跃不过去，也只好算了。

第五个阶段，飞。

这是人生中的一个重要转折点，经理跃上去了，就成为总经理，抑或董事长。"飞龙在天"，这就了不起了。所以在这个阶段，领导者要有"飞龙在天"的思维。

第六个阶段，亢。

"飞龙在天"虽然很辉煌，但也很危险。当发展到第五阶段的时候，我们要懂得适可而止，不能再使劲跃了，再过分地发展下去就是高亢。"亢龙有悔"，就是让我们避免极端。

我们再来看坤卦（☷）说了什么。见表1-17。

表1-17 坤卦，做部属的要领

阶层	爻名	爻性	爻辞
高阶领导	用六		利永贞
	上六	--	龙战于野，其血玄黄
	六五	--	黄裳，元吉
中坚干部	六四	--	括囊，无咎无誉
	六三	--	含章可贞，或从王事，无成有终
基层员工	六二	--	直方大，不习无不利
	初六	--	履霜坚冰至
【卦辞】坤：元亨利牝马之贞，君子有攸往，先迷后得。主利。西南得朋，东北丧朋。安贞吉。			

坤卦的爻辞：初六，履霜坚冰至；六二，直方大，不习无不利；六三，含章可贞，或从王事，无成有终；六四，括囊，无咎无誉；六五，黄裳，元吉；上六，龙战于野，其血玄黄；用六，利永贞。

第一爻，"履霜坚冰至"。也就是说，要懂得见微知著，当我们踩到霜的时候，要想到寒冷的冬天就要来了，提前做好准备，不要等到冬天来了才想到准备，那就来不及了。我们一定要了解，"祸常发于所忽之中，乱常起于不足疑之事"。不要羡慕别人常说"我左右手很厉害，每次都帮我处理大问题"，因为通过这句话我们就知道这个公司很危险。真正的好干部是在问题很小的时候就把问题化解掉，而不是等问题大了才去化解。

第二爻，"直方大，不习无不利"。到了六二这个阶层，要有端直、方正、博大的思维，懂得支撑自己的老板，而不是去支撑旁边的人。什么叫"不习无不利"？就是不学习，就没有坏处。难道我们不能学习吗？当然不是。但有些事情是不能学习的，学错了，还不如不学。这一爻告诉我们，当有了一点小成绩的时候，不要染上得意忘形的恶习，而要认识到，配合上级领导做好工作是自己的本分。大地是正直、端方、宏大的，一个人具备了这样的德行，即使不修习也不会不利。

第三爻，"含章可贞，或从王事，无成有终"。到了六三这个阶层，最重要的是"含"字，我们讲话要先含在嘴里，不能想到什么说什么。一个人很有能力，也一定要懂得内敛。我们常常说要深藏不露，很多人不理解。其实有能力的人才能深藏不露，没能力的人有什么可藏的？所以我们要先想一想，自己够不够深，不够深的话不能只想显露自己，而要进一步提升自己的能力；如果有一定深度，也就是有一定内涵的话，也要提醒自己"天外有天，人外有人"，一切都在变化中，我们所知道的永远是有限的。"或从王事"，"或"是疑惑的意思。我们办事的时候要有怀疑心，才能用心去思考。我们也要记住"无成有终"，老板交代的事情要尽心尽力做好，但不能邀功。这一爻告诉我们，做事的时候，要尽心尽力，有始有终，无论取得多大的成绩都不可邀功。

第四爻，"括囊，无咎无誉"。什么叫"括囊"？括，是收束。囊，是口袋。括囊，就是口袋要有封口。有些人管不住嘴巴，什么话都讲，领导最气的是这种人。俗话说"祸从口出"，我们不应该说假话，但也不能把不应该说的话说出来。到了六四这个阶层，作为领导的左右手，我们有时要懂得守口如瓶。这一爻告诉我们，要多听少说，在适当的时候，说妥当的话。

第五爻，"黄裳，元吉"。中国人比较喜欢黄色，觉得黄色贵气。说到"黄裳"，很多人会想到中华民族的祖先黄帝，想到黄龙袍。为什么？因为黄色跟所有颜色都能协调。"黄"代表协调。到了六五这个阶层，要善于协调，懂得无为，才能"元吉"。

第六爻，"龙战于野，其血玄黄"。人生或事物的发展是一步比一步高的，第五阶段是最好的，但到第六阶段的时候，物极必反，就会向相反的方向发展。坤卦到了第六爻就开始"乾"了，柔到极致就变成刚，所以坤龙出来跟乾龙交战了。当领导跟军师对立起来的时候，"其血玄黄"，场面特别惨烈。所以我们要尽可能避免"龙战于野"。

用九和用六仅出现在乾坤两卦中，但对所有 64 卦是通用的，每一卦在表示阳爻的时候就是用九，在表示阴爻的时候就是用六，所以是没有爻性的。

乾卦和坤卦是《易经》的门户，两者相反相成，是分不开的。领导要将乾卦和坤卦合起来看，才能知晓做领导和做部属的要领，从而带出优秀的团队。

自我学习心得笔记

_____

_____

_____

_____

_____

_____

_____

03 《易经》中的三才之道

"天时不如地利,地利不如人和",在任何场合,最重要的都是人和。而想要获得天时、地利、人和,三阶层必须密切配合,高阶施行天道,中坚实施人道,基层奉行地道。

如何有效区分三个阶层

任何组织都包含三个阶层,即高阶、中坚、基层。为什么要区分为这三个阶层?又该如何区分这三个阶层?见表1-18。

孔子说:"中人以上可以语上也,中人以下不可以语上也。"也就是说,高阶领导属于"中人以上",要懂得先知先觉的道理;中坚干部属于"中人",要懂得后知后觉的道理;基层员工属于"中人以下",一般为不知不觉者。

我们在区分三阶层的时候,要注意先把最高决策阶层,即企业的总裁、总经理、副总经理分出来。然后把基层员工,即现场的作业人员分出来,如果是大公司的话,领班、组长也算是基层员工。剩下的人员,可列为中级管理阶层,也就是中坚干部。

很多人问:"老师,这样区分的话组织中至少要三个人以上吧?一些小店面,就一个老板,一个员工,那怎么区分呢?"我说:"假如老板骂这个员工怎么那么笨,教他技术都不会,徒弟开始流眼泪了,这时老板的太太自然就说话了,'不要难过了,其实老板并没有怪你……',然后就化解了。老板的太太算不算第三个人呢?"对方说:"听你这么说的话,好像有三个人了。"

表1-18 如何有效区分三个阶层

阶层	职位	三才	层级	觉知	重点提示
高阶	领导	天	中人以上	先知先觉	●最高决策人士如企业的总裁、总经理、副总经理 ●大规模的公司:总裁、执行长、副总经理是高阶 ●小规模的组织:老板自己扮演高阶,当好人
中坚	干部	人	中人	后知后觉	●其他人员可列为中级管理阶层,也就是中坚干部 ●大规模的公司:如经理、副经理、高层特别助理 ●小规模的组织:老板的妻子拉进来充当中级主管
基层	员工	地	中人以下	不知不觉	●现场的作业人员及领班、组长,可以看作基层管理阶层 ●大规模的公司:现场人员属基层,如领班、组长、主任 ●小规模的组织:把伙计看成基层

三阶层的区分并没有严格的界线。但懂得三层配套,整个组织就圆满了。

三层配套,有着多重运用。见表1-19。

表 1-19 三层配套的多重运用

阶层	场合						
	企业	家庭	一般	高层	部门	工厂	客户
高阶	领导	祖父母	总经理	董事长	经理	厂长	客户
中坚	干部	父母	经理	总经理	主管	领班	老板
基层	员工	子女	员工	经理	组员	作业员	员工

比如：在家庭中，有祖父母、父母、子女；在工厂中，有厂长、领班、作业员；在企业中，有领导、干部、员工；在高层中，有董事长、总经理、经理；在部门中，有经理、主管、组员。

很多人都觉得总经理很威风，总经理有时候为了协调股东跟董事长、经理之间的关系，也会很累。就算是老板，也还有永远的"上司"，就是客户。作为老板，随时要有这样的观念，不要以为老板就可以高高在上、目中无人，其实完全不是这回事。能够长期经营的组织，老板一般都有中坚干部的思维，随时有着三层的配套。

三层配套，重点在"中"。不管是在家庭中，还是在企业甚至企业的各个阶层中，大家都要有中坚干部的思维，因为只有拥有干部思维，才会让组织圆满。

比如，经理说："总经理的事是我的事，员工的事也是我的事，我夹在中间左右为难啊。"可见，经理对上要注意总经理，对下要注意员工。所以任何阶层，随时要有中坚的角色，才能执两用中，掌握管理的要领。

自我学习心得笔记

三阶层要秉持三才之道

八卦称为"原卦",两两相重,组合成六十四个"重卦"。每个原卦都由三个爻组成。这三个爻从上至下分别象征"天""人""地"的位置,称为"三才"。《易经》六爻卦,上面两爻为天位,中间两爻为人位,下面两爻为地位,正好配合三才之道。高阶、中坚、基层,分别对应"天道""人道""地道"。见图1-8。

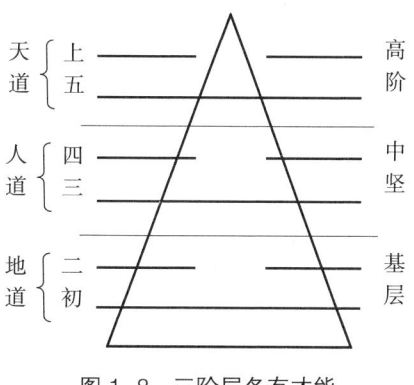

图1-8 三阶层各有才能

有句话大家都熟悉，叫作"百姓日用而不知"。《易经》，我们每天都在用，只是我们不知道自己在用它而已。"天时不如地利，地利不如人和"，在任何场合，最重要的都是人和。这说明中坚干部肩负着重大责任。而想要获得天时、地利、人和，三阶层必须密切配合，高阶施行天道，中坚实施人道，基层奉行地道。见表1-20。

表1-20　三阶层的使命

阶层	职位	三才	使命	重点	重点提示
高阶	领导	天	天时	关照一切	●应该密切注意变化，及早做好万全的准备，以因应变化 ●站在组织的立场，实施综合性的指挥
中坚	干部	人	人和	沟通协调	●以"和"为主，才能获得大多数人的爱戴，得到众人的协助 ●将高阶的策略具体化、明确化，做好部门之间的协调与沟通
基层	员工	地	地利	生长万物	●有水才有利于人类居住和生活。基层员工无怨无尤地生产物品、提供服务 ●切实做好计划、认真执行、严格控制，并且如期完成作业

高阶居天位，应遵循天道。天道尚变，所以高阶领导必须深谙变化的道理，密切注意变化，及早做好万全的准备。天道尚变，但不能乱变，高阶领导随时都要站在组织的立场，顺应变化，及时做出调整，实施综合性的指挥。

基层居地位，应遵循地道。地，规规矩矩地生长万物，不会种西瓜而长葡萄，种瓜一定得瓜，种豆一定得豆。地道和天道不同，它的特质是不变。所以，基层员工最好严守纪律，认真执行任务，如期完成作业，无怨无悔地配合领导，不可擅自改变。

中坚居人位，应遵循人道。人道，调和天道与地道，贵在有所变有所不变。**中坚干部处在高阶与基层中间，必须随时"应变"，最重要的是扮演沟通协调的角色，以"和"为主，不仅要懂得将高阶领导的策略具体化、明确化，而且还要做好部门之间的协调与沟通。**

三阶层的配合从表 1-21 中可窥见一隅。

表 1-21　三阶层的配合

阶层	职位	三才	言语	重点提示
高阶	领导	天	不明言	●天道重视阴阳变化。高阶领导常用脸色的好坏来暗示部属自己去思考和调整 ●天不明言，所以高阶领导也常常脸色不好，却不承认自己不高兴。暗示就是一种不明言的表现，其目的在于顾全部属的面子，让他有机会自己改正过来
中坚	干部	人	慎言	●人道重仁义。应该明言的时候，当然要明言；不应该明言的时候，就不能明白表示出来 ●中坚干部有时候表现得十分坦白，有时候又似乎含含糊糊，一切以合理为标准，需要自己衡量实际情况，用心拿捏以求制宜
基层	员工	地	明言	●地道重刚柔，能不能承受压力，表现得十分清楚 ●基层员工应该一切说明白，有能力、没能力时都要明白表示出来，领导才能正确地判断，以便及时增加人员或延长工作时间，以确保成效

我们说"天有不测风云""天威莫测",是因为很难掌控天,很难掌握天气。天不明言,什么时候刮风下雨,什么时候太阳高照,总是说来就来,从来不提前告诉我们。所以我们觉得天很神秘,对天特别尊敬,也格外亲昵,常常把"老天爷"挂在嘴边。如果天把一切都告诉我们,很容易被掌控的话,我们也就不会敬天了。

天道重视阴阳变化,宇宙万物的变化大多是阴阳往复引起的。高阶领导也要懂得这个道理,想要让部属尊敬自己,就要体会老天爷的角色,少说话,以启发有心人。

为什么不明言?这是有它的道理的。举个例子。有人年纪轻轻当了校长,原本很光荣的事,却做得很辛苦。为什么?因为不是有知识就能当好校长的。读到博士了怎么会学历不够?年纪轻轻当校长,没有经历,缺乏经验,不辛苦才怪。中国人常说"不经一事,不长一智"。有一次,我下午三点去学校,老师们在办公室里还乱哄哄的。我问:"你们校长今天不来吗?"有个老师回答:"等一下就来了。"我说:"你们怎么敢这么吵?"他说:"我们校长最守信用,他说四点来就四点来,我们可以放心地玩到三点五十分。"

很多领导为了跟部属打成一片,展现亲和力,跟部属无话不谈,无所不说,这是很危险的。我们不清楚什么时候会下雨,什么时候会刮台风,才会怕天。所以,作为老板最好这样,说下午回来,有可能下午不回来;说下午四点回来,也有可能两点就到。也许大家会觉得这样很奸诈,其实这跟奸诈没有关系,有时候不清楚的信息反而能培养部属的应变能力。再说,认真的部属,不管领导儿点回来，都会专心做事。

暗示就是一种不明言的表现。有时候部属做得不好，领导最好用脸色来管理，让部属自动自发地思考和调整，既顾全了大家的面子，又能实现目标。

人道重仁义，干部也有干部的角色，干部应该慎言：应该明言的时候，当然要明言；不应该明言的时候，就不能明白表示出来。是十分坦白还是含含糊糊，一切以合理为标准，需要自己衡量实际情况，用心拿捏以求制宜。

地道重刚柔，能否承受压力，表现得十分清楚。所以基层员工应该明言，一切都说明白，有能力或没能力都要清楚表示出来。这样，领导才能正确地判断，以便及时增加人员或延长工作时间，以确保成效。

可见，三阶层行事要找准角色定位。我们再来看表1-22。

高阶领导平时最好"内心清清楚楚，嘴巴含含糊糊"。为什么？比如当父母的说"我最喜欢大儿子"，那小儿子就受冷落了。同样的道理，领导要照顾所有的员工，最好不要把自己喜欢谁说出来。

西方人的激励方式很好，十个店长，请表现最好的店长上台发言，奖励他，绝对没有错。在中国，请表现最好的店长上台，还颁奖给他，这可能会造成"光荣性的孤立"。其他没获奖的店长私底下拍拍他的肩膀，"总经理说你表现最好，以后都靠你了"，便开始混日子了。这样的结果是老板自己造成的。

表 1-22 三阶层各自定位角色扮演

阶层	职位	三才	内心	嘴巴	重点提示
高阶	领导	天	清清楚楚	含含糊糊	高阶领导,以"内心清清楚楚,嘴巴含含糊糊"为主,紧急或必要时才清清楚楚地表达出来,尽量开放空间,使中坚干部得以施展身手、发挥潜力来承上启下
中坚	干部	人	清清楚楚	清清楚楚	中坚干部,力求"内心清清楚楚,嘴巴也清清楚楚"。作为上下沟通的桥梁,有时为了高阶领导的面子,也应该避免过分唐突,要含蓄一些,表现出一定程度的"内心清清楚楚,嘴巴含含糊糊"
基层	员工	地	含含糊糊	清清楚楚	基层人员,由于经验不足,最好"内心含含糊糊,嘴巴清清楚楚",相信那些真心关怀并且用心教导自己的领导,把他们交办的工作做好,以发挥有效的执行力

当领导的一定要了解,公开场合只能喜欢所有的人,不能让人没面子,私底下才可以对表现好的部属说"我支持你"。

一般来说,紧急或必要时,高阶领导才可以清清楚楚地表达自己的想法,平时应尽量给中坚干部足够的空间,让他们得以施展身手、发挥潜力。

中坚干部处在高阶和基层中间,是上下沟通的桥梁,最好"内心清清楚楚,嘴巴也清清楚楚"。不过,有时要顾及高阶领导的面子,中坚干部应该避免唐突,说话要含蓄一点,要表现出一定程度的"内心清清楚楚,嘴巴含含糊糊"。

基层员工"内心含含糊糊"不要紧,但一定要"嘴巴清清楚楚"。我们每次问基层员工"你懂不懂"时,他一定会说自己懂,其实他有可能不太懂,甚至根本不懂。不懂为什么还说懂?基层员工普遍有这样的心态:领导问我,我却说不懂,太丢人了,会不会被开除呢?"死要面子活受罪",基层员工一般经验不足,不懂最好清清楚楚地说出来,相信那些真心关怀和用心教导自己的领导,才能有效执行他们交办的任务,把工作做好。

我们已经知道,八卦的三个爻,包括天、地、人三才:上面的爻,代表无形的能而为天道;下面的爻,表示有形的质而为地道;中间的爻,兼具无形的能与有形的质而为人道。见表1-23。道家思想来自《归藏易》,重变化,可以用来说明天道;儒家思想来自《周易》,重伦常,可以用来说明人道;墨家思想则来自《连山易》,提倡实利,可以用来说明地道。三家学说各有其重点,正好搭配组织三个阶层的不同需求。

表1-23 《易经》三才对应三阶层

阶层	职位	三才	言语	变动	分配	时间	运用	象棋	表现
高阶	领导	天	不明言（问问题）	变（前瞻力）	权	未来	情（由情入理）	将、帅	无
中坚	干部	人	慎言（有腹案）	应变（转化力）	责	现在	理（合理解决）	车、马、炮	能
基层	员工	地	明言（给答案）	不变（执行力）	利	过去	法（当作腹案）	兵、卒	有

也就是说,**高阶领导应有道家"无为而无不为"的修养**,重

点在"无";中坚干部要有儒家"知其不可而为之"的风范,重点在"能";基层员工则应遵墨家的苦行节用,团结合作,重点在"有"。

组织三阶层特性不同。高阶领导代表"天",高高在上,注意未来的变化,所以要有前瞻力。预测未来的动向,及早提出政策,把组织引导到正确的方向,实在是非常重要的事情。

中坚干部代表"人",注意现在,要懂得应变,所以要有转化力。由于"不可不变而且不可乱变",中坚干部必须在变与不变中秉持仁义,以求合理地做出调整。

基层员工代表"地",顺应着天,注意过去,所以要有执行力。未来虽然会发生变化,但过去的经验、工作规范,是基层员工贯彻执行力的最好依据。

现代管理,倡导人性化、合理化、制度化。三才之道,把它们分别搭在高阶、中坚、基层这三个阶层,并巧妙地配以"情、理、法"的精神。

"情",即"一切凭良心"。我们常以"丧尽天良"来形容做得过分的人,所以高阶领导一定要有良心,给基层员工合理的制度,他们才会遵纪守"法",依制度行事。而当上下级之间产生矛盾,都觉得自己有理的时候,就需要中坚干部来转化了,以平衡基层员工所愿遵守的"法",以及高阶领导所愿付出的"情",达到合"理"。

三阶层的配合,要做到高阶领导重"情"、中坚干部重"理"、基层员工重"法",势必会牵涉权、责、利。而依据天时、地利、人和的目标,高阶领导必须有"权",中坚干部必须尽"责",基层员工无权无责,重在获"利"。

三阶层各自扮演合适的角色,各方面才能配合得当,团队协作自然良好。

自我学习心得笔记

_____

_____

_____

_____

_____

_____

_____

_____

三阶层发扬儒道墨精神

我们知道,组织三阶层各有不同的特性,但没有高低、好坏、善恶之分,只是由于所处位置不同,必须有不一样的行为表现才能恰如其分。中华学术思想远在春秋战国时期,便已百家争鸣。其中,除了儒、道两家,墨家也非常重要。三阶层合理配套,与其对儒、道、墨家思想的发扬是分不开的。见表1-24。

高阶领导最好发扬来自《归藏易》的道家思想。道家思想以老子的为主,而老子之学,宗黄帝《归藏易》之体系,首重坤柔。《归藏易》以坤卦居首,六十四卦的第一卦不是乾卦而是坤卦。所以道家精神侧重坤,注重守静、尚柔、无为三个要点。

第一,守静。

乾主创发而动,坤主收成而静,老子偏向坤的守静。领导守静,干部才有机会创造和发展。也只有守静的领导,才可能冷眼旁观,对干部加以无形的控制。

表1-24 三阶层发扬儒道墨精神

阶层	思想	三易	首重	重点说明
高阶	道家	《归藏易》	坤卦	●高阶依天道而行。按理以乾刚为主,却需取坤的德行——虚静,以收刚柔并济之功效 ●注重守静、尚柔、无为三个要点
中坚	儒家	《周易》	乾卦	●中坚干部依人道而行。儒家依据居中为吉的原则,倡导中庸之道 ●注重仁义、伦常、时中三个要点
基层	墨家	《连山易》	艮卦	●基层员工依地道而行。艮为首,借山形的起伏连绵,来形容万有现象的消长情态 ●注重实利、兼爱、尚贤三个要点

第二,尚柔。

乾刚坤柔,因为乾是阳的动力,坤则阴而顺乎乾的阳动力以开化。也就是说,乾刚的目的便是坤柔。老子侧重坤,所以尚柔。领导尚柔,不会动不动就乱发脾气,干部才敢有所作为,也才能有所作为。否则,干部总是小心翼翼的,什么事也不敢做,什么话也不敢说,那不是变成庸才就是变成奴才。所以,领导尚柔,干部才会得到成长,给组织带来益处。

第三,无为。

乾虽然积极统摄,而勤劳创作对万物来说,不过是发端的开始;坤虽然是消极顺应,对万物来说,却能够不断成长。老子侧重坤,所以倡导无为。**领导无为,干部才能无不为。当然,无为的要领并不是什么都不做,而是不妄为。**

高阶领导依天道而行,按理应该以乾刚为主,在这里我们为什么却说要坤柔呢？这不是前后矛盾吗？不是。高阶领导当然要依天道，只是这里所说的坤，并不是三才之中的地道，而是坤的德行——虚静。高阶居于天道，乾刚当然重要，但如果能同时掌握坤的德行，以收刚柔并济之功效，就更好了。

高阶领导为什么要懂得道家思想？道家思想以阴为主，教人"放得下"。高阶领导要清楚，不可能每天像过年一样，不可能做什么事情都很顺，不顺的时候就要看得开、放得下。高阶领导更要清楚，应启发、成全干部积极认真地去做事，而不是事必躬亲。

中坚干部最好发扬来自《周易》的儒家思想。孔子是儒家思想的集大成者。儒家依据居中为吉的原则，倡导中庸之道。所以儒家精神侧重乾，注重仁义、伦常、时中三个要点。

第一，仁义。

《中庸》中说："天命之谓性，率性之谓道，修道之谓教。道也者，不可须臾离也；可离，非道也。是故君子戒慎乎其所不睹，恐惧乎其所不闻。莫见乎隐，莫显乎微。故君子慎其独也。喜、怒、哀、乐之未发，谓之中；发而皆中节，谓之和。中也者，天下之大本也；和也者，天下之达道也。致中和，天地位焉，万物育焉。"中国文化有很多善，比方说仁、义、礼、智、信、孝、悌等，所有这些都是中华民族的美德，但这些美德不是最高的原则。最高的美德、最高的善是什么？孔子在《论语》里说"义以为上"，义是最高的，所有的仁、孝、悌等，如果不合义，就都不是最好的。而我们这里讲的中庸，就相当于这种仁义的统一，它就是最高的善,是至善标准。

中国人对中并不陌生。中庸之道,说到底就是中道,而中道说到底就是一个"中"字。中坚干部如果要做到"不固而中",必然合仁合义。

第二,伦常。

儒家所倡导的伦常礼法,譬如尊卑有分、男女有别等,以《周易》的序卦为张本。孔子从宇宙法则出发,引出社会规范。由此可知,中坚干部重在承上启下,伦常是不可忽视的修养。

第三,时中。

时中不是上下之中的一个固定位置,也不是前后两个时间之间的一个固定时间点。在万物变化流转中,顺应自然法则,合道便是中。中坚干部所处理的事情,大多是依法难行的,必须通过变通来做出合理的调整,便是时中的表现。

中坚干部依人道而行,用儒家的思想来管理。儒家思想以阳为主,教人"拿得起"。身为中坚干部,要积极认真地做,为领导分忧解难,也要做员工的贴心人。

基层员工最好发扬来自《连山易》的墨家思想。墨子倡导实利,主张苦行节用,远学神农,近则本于夏禹。神农为《连山易》,而为夏禹所取法。所以墨家的思想源头即《连山易》。《连山易》以艮卦为首,借山形的连绵起伏来形容万有现象的消长情态,注重实利、兼爱、尚贤三个要点。

第一,实利。

墨家主张凡事求功利，以有无功利作为标准，来决定为或不为；偏重于物质方面，却并不重视精神方面。基层员工从事实际劳作，当然要讲求功利。

第二，兼爱。

墨子倡导兼爱。基层员工最好能够发挥兼爱的精神，团结他人，与他人通力合作。

第三，尚贤。

墨子主张任用贤能的人，要设法增加贤人，更要厚待贤人。贤或不贤，以成绩为标准。在这样的环境下，基层员工依地道而行，才能专心投入工作。

自我学习心得笔记

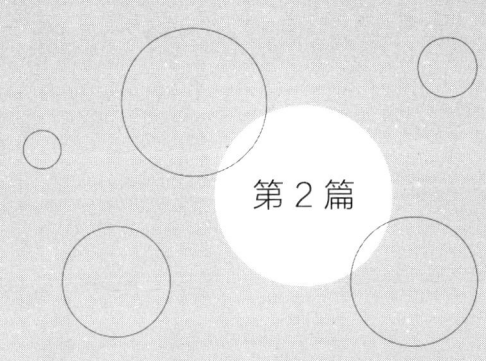

第 2 篇

营造团队合力，聚拢人心

01 干部是队伍的枢纽

上有领导,下有部属,干部有如夹心饼干,做不好会上下不讨好。如果不够坚强,没有应变力,是当不好中坚干部的。

优秀中坚干部难培养

对企业来说，培养中坚干部始终是最头痛的问题。很多老板跟我诉过这样的苦："第一批人跟我们一起打拼天下，有共患难的经验，很容易带领。但是后面进来的人，只看到现在过好日子的部分，感受不到我们当年的患难，一旦遇到问题，通常是推卸责任。"

我遇到一个大企业的老板，他说："老师，你一定要跟我儿子讲一下，叫他认真读书，他不认真读书，我都不知道该怎么办了。"我问："难道他读书不好吗？"他说："不是，成绩很好，但是吊儿郎当的，一点都不认真。"

于是，我私底下问他儿子："你成绩很好，为什么不认真读书？"他儿子说："我干吗要认真啊？"我说："你不认真读书，以后怎么继承你爸爸的企业，对得起你爸爸吗？"他儿子说："我是独子，爸爸已经给我买了两栋房子。而且最重要的是，我又不贪，以后一栋自己住，一栋租给别人，靠房租就可以生活了。"

这样的结果是父母自己造成的，让子女生活得太安逸、太优越，会不利于子女。

同样的道理，企业不能等到有危难的时候才训练干部，必须在平时就让他接受磨炼。这些年，我们很积极地培养中坚干部，但是仍然没抓到重点，原因是什么？因为中坚干部的培养不是单向的，中坚干部必须有非常重要的转化力。重点是，转化力又难以训练。

前文说过，企业组织分成三层：高阶、中坚与基层。为什么高层不称为"高坚"，基层不称为"基坚"，只有中层有"中坚"称号？因为中坚干部不好做。上有领导，下有部属，干部有如夹心饼干，做不好会上下不讨好。如果不够坚强，没有应变力，是当不好中坚干部的。见图2-1。

人才难求，特别是优秀的中坚干部难培养，所以老板更要认清"中坚最难为"的事实，遵行天道，尽量给予干部空间和权力，以不管之管来促使干部自动自发并竭尽所能，做好承上启下的枢纽。当然，中坚干部也要自动学习，严格要求自己，把握好基本的原则，经常反省与改进，以提升自己的实力。这样的话，虽然难为，但仍然大有可为。

- 企业组织通常分成三个阶层，分别称为"高阶""中坚"和"基层"；中间阶层享有"中坚"的称呼，非常值得我们重视。
- 中坚干部处于高阶领导和基层员工之间，有如夹心饼干，如果处置欠妥善，即有上下不讨好的后果，所以叫作中坚干部。

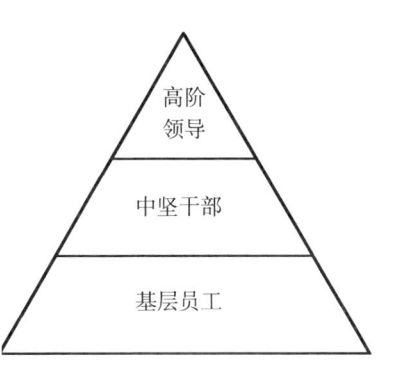

图 2-1　何为"中坚干部"

自我学习心得笔记

干部的处境以及目标

中坚干部位居一卦的三爻和四爻,稍有不慎,就会陷入"不三不四"的困境。从图2-2中可以看出中坚干部的处境——上压、下顶、左攻、右挤,不好处理是必然的。

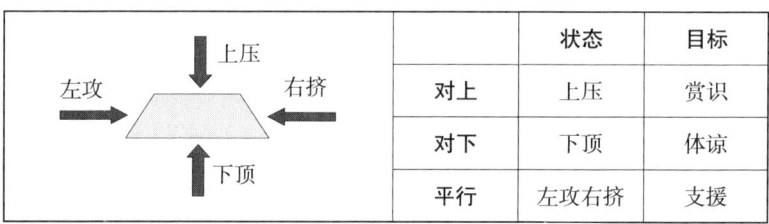

图2-2　中坚干部的处境与应有目标

很多干部说:"我们老板很喜欢压我。"老板给压力,是再正常不过的事情,不要抱怨,抱怨是没有用的,老板不会因为干部的抱怨而改变。既然当了干部,就要能够把老板给的压力变成助力,也就是说,能让老板赏识自己。

在培训干部的时候,我常常说:"纵使你有天大的才华,只要你的上司不赏识你,你就没有发挥的余地。因为上司给你的不是钱,而是机会。况且,你只要能化解这一关,其他方面的压力上司自然会帮你化解。"

但是,很多中坚干部不明白这一点,喜欢跟老板对着干,不会配合老板。很多年轻人很有才能,学历很高、学问很好,但是有一个缺点,动不动就跟老板对着干。而老板也越来越清楚:不能干的人可以放心用,没有问题;越能干的人,用的时候就越要小心,因为能干的人是可能把他干掉的。

中国人用人重本事而非能力。能力强的人不在少数,真正有本事的却不多。本事与能力之间的最大差别体现在,心目中有没有别人。拿老板选人来说,老板选人的第一顺位常常是心目中有他的人。我常常问一些老板:"你用人的时候不重视他的能力,反而很在意他心目中有没有你这个老板,为什么?"得到的答案通常是这样的:"一个员工如果一开始心目中就没有我这个老板,那么随着他能力的增长,我会越来越怕他。"这讲得确实很实在,一般来说,员工能力越强,会越对老板不尊敬,越目中无人。

当然,也有这样的人,随着他的能力越来越强,他也越来越尊重领导,始终感谢老板给他机会。这是由他最初的态度决定的——他心目中有老板。所以我们在挑人的时候,一定要清楚这个人会不会配合。中国人在管理中很重视配合度就是这个道理。

干部要配合老板,想办法化解老板给的压力,获得老板的赏识。

上压,老板为什么要给干部压力?因为如果他不把压力给干部，就不知道干部有没有空，干部做事是否踏实，干部是否实在。干部不要怕老板给压力，简单地说，干部的标准如果比老板的还高，自然没有压力。当一个人内在的压力比外界的压力大的时候，他会振奋，自然能够激发自己的力量。

下顶，下面的人为什么会顶撞？干部表现不好，部属会觉得跟着他倒霉，处处为难他。我经常听到员工唉声叹气："都怪我跟错了经理，就算我表现再好也没法被总经理注意到了。"但是，当干部表现很好的时候，部属一样会顶撞他。比如，有的经理觉得奇怪，说："我表现很好，在总经理面前那么红，怎么员工对我还是不满呢？"西方人只要在领导面前表现很好，就一定是威风八面的。中国人却不能这样，否则一进门，所有员工就一句话："经理，你是不是又去总经理那儿领了很多工作回来？想累死我们吗？"

面对部属的顶撞，中坚干部多半会抱怨："交代部属做一点事，部属就叫苦连天。"其实，部属会叫苦才不会被累死，等于安装了"警报"，预先给予提示。如果丝毫不知叫苦，上级必定认为部属的工作没有超负荷，就会再接二连三地给他工作，这样部属迟早会被累倒。

中坚干部一定要有本事化解部属的顶撞，争取得到部属的体谅。怎么做？很简单，一定要多照顾部属。比如，看到部属加班，买份盒饭给他吃，即使是便宜的便当，也会让他感动。"我们经理真好，私底下掏腰包给我们买盒饭，这盒饭真好吃。"就算很难吃，他也会觉得很好吃，因为有经理的心意在里面。

事实上，干部能照顾部属，部属自然也会体谅干部。如果干部总是一副高高在上的样子,"你跟着我,你有什么话好讲",就会让部属觉得不舒服。

左攻右挤,也是理所当然。我们不是天天把竞争挂在嘴上吗?有竞争自然无法避免平级间的攻挤。怎样改变?必须在平等互惠的条件下,才能要求平级支援。如果处处想占便宜,时时要求别人支援自己,自己却不支援别人,肯定会落空。

其实,中坚干部想要获得平级的支援,比赢得上级的赏识与下级的谅解更加困难。因为上下级之间还会互相礼让,不会做得太过分。而平级间,大家职级相同,谁怕谁?往往明争暗斗,令人伤神。

中坚干部要明白,上压、下顶、左攻、右挤都是十分自然的事情,心平气和地应对,以"上司对我赏识""平级乐于支援""部属对我谅解"为目标而努力,定能从艰难处境走向顺境,工作起来如鱼得水。

自我学习心得笔记

_____
_____
_____
_____

干部的三大重要责任

中坚干部有三大重要责任,见表2-1。

表2-1 中坚干部的三大重要责任

责任	说明
承上启下	有效地把高阶交付的任务技巧性地转化为基层乐于接受的旨意
下情上达	把基层的意见转化为高阶乐于接受的信息,不但重视而且自动参酌纳入决策体系
同事和谐相处	同事之间会竞争,要成为朋友才会永远和谐相处。有好处时懂得分享,有事时别人才会帮忙

第一,承上启下。

承上启下,就是把高阶交付的任务转化为基层乐意接受的旨意。这是很难的。为什么?因为高阶领导讲权,中坚干部讲责任,基层员工讲福利,权、责、利是要互相配套的。老板与公司的干部一起开会,讨论"公司未来的愿景是什么,以后要怎么做",干部听了都很认同。但是，干部照着老板的话向基层员工传达一点用都没有。因为员工往往在意福利，不在意公司的愿景、公司的责任等。所以，老板一般不会把全体员工叫过来开会，全体员工开再多的会也没有用。

中国的组织文化跟人有很大关系，组织文化是高阶领导与中坚干部这百分之一二十的人建构出来的。所以，重点在于高阶领导与中坚干部心里是怎么想的，80%的员工呢？执行它。因此，不需要跟基层员工讨论太多，而干部需要深度训练，也是这个道理。

基层员工强调执行力，干部需要的是转化力，应变能力不行是当不了干部的。干部照着老板的话跟员工说，员工听了心里会觉得好笑。记得有个员工对我说："这些东西我根本不想听。"我问："为什么不想听？"他说："我是员工，经理职位比我高，他当然要听老板的话，我为什么要听老板的话？再说，经理收入比我高，公司的愿景是他们的事，关我什么事？"可见，员工是很务实的。员工关心的是同行的福利怎样，如果发现别的公司员工福利更好，他很可能就跳槽了，不会想那么多。

所以，要想员工真正贯彻执行力，干部首先要做好规划，拥有转化力，把老板讲的东西转化成员工乐意接受的，才能承上启下，圆满完成任务。

第二，下情上达。

下情上达，就是把基层员工的意见转化成高阶领导乐意接受的信息。这也是需要功夫的。基层员工向干部抱怨一些事的时候，干部向老板反映，老板常常觉得干部是乱讲一通，干部往往很冤枉：
"我据实以报，为什么老板不信任我？"

> 基层员工中的意见领袖对经理说："你赶快跟总经理讲一下，如果再不给我们调薪，我们准备罢工。"

经理一听很紧张，心想一定要总经理重视这件事才行，否则等到事情严重再想收拾就来不及了。但总经理有太多事要处理，一定要强调得严重一点，才有办法得到总经理的重视，所以经理一定会夸张30%甚至更多："总经理，事态很严重，员工要调薪，否则集体罢工，您要特别注意，看看怎么处理。"

总经理心想，真的有那么严重吗？于是问基层员工："听说你们对薪水很不满意，还想集体罢工，是不是？"

基层员工发现总经理来了，马上缩水30%："没有，哪有那么严重？"

一个膨胀30%，一个缩水30%，信息误差至少60%，总经理不觉得经理夸张才怪。

下情上达没有那么简单。下情，不能过分夸大地上达，也不能一字不差地上达，更不能一字不报不上达，这中间的度需拿捏到位。

第三，同事和谐相处。

把同事当朋友看待,平时多帮助同事,需要同事帮忙的时候才会得到他们的支援。

自我学习心得笔记

_____

_____

_____

_____

_____

_____

_____

_____

02 双向配合，走向竞合

既然竞争避免不了，同事间就无法和谐相处了吗？当然不是。我们把同事当朋友，彼此用心对待，有效分工合作，定能从竞争走向竞合。

同事间和谐分工合作

同事之间为什么难以相处？因为同事之间永远存在竞争。有人说，既然竞争避免不了，那同事间就无法和谐相处了吧？当然不是。我们把恶性竞争变为良性竞争，就可以了。见表2-2。

表2-2 同事和谐相处与有效分工合作

	一般组织	成功组织
本质看法	同事（短期竞争）	朋友（长期支持）
配合重点	分工计较	和谐合作
人事分析	公事公办	私人交情
运作方式	有好处自己享 遇患难无人问 援助后就算了	有好处要分享 有患难见真情 援助后要申谢

第一，把同事变成朋友，才会永远和谐相处。

比如，一个副总位置，有五个经理在竞争，一定会互相争夺。

遇到这种状况的时候怎么办？我们要懂得转换角度，把同事变朋友。只有长期支持的朋友，才能和谐分工合作。

第二，多和同事分享，同事才会有兴趣帮我们的忙。

在和谐的气氛中才能合作，中国人很重视工作气氛就是这个道理。一般组织是公事公办，成功组织讲究私人交情，懂得有好处要分享，患难才能见真情。

比如，一个员工得到1000元奖金的时候，说"这是我的"，那就把自己孤立起来了，部门的经理也好，同事也好，会很生气，下次再也不会帮他的忙了。同事之间，有好处的时候要懂得分享，而不是独吞。

第三，得到同事的帮忙后及时感谢他。

不要把同事的帮忙当成理所当然，哪怕是微不足道的事，我们也要真诚地道谢。

第四，让同事感觉到，跟我们打交道不会吃亏。

我们不妨反过来想一想，自己是不是也在有意无意地攻挤同事呢？如果我们自己都免不了如此，又怎能让同事感觉不吃亏？

所以，做到以上四点，同事间才能从竞争走向竞合，彼此用心对待，有效分工合作，形成良好的团队氛围。

自我学习心得笔记

请示配合上级的运作

什么是承上？说到底就是怎样跟领导好好相处。

很多干部跟我说："作为干部，我肯定有能力，要不然也做不了干部，但是对于进退搞不清楚，人都得罪光了，我都不知道该怎么办了。同一件事情，他去汇报就通过，我去汇报就通不过。可见，不是工作的问题，是谁去汇报的问题。"我们不要一直怪领导不接受我们的意见，为什么别人的意见他接受，我们的意见他却不接受？儒家教我们遇到问题要反求诸己，所以我们首先要检讨自己。

● 问题：

你有重要项目要向老板汇报，却不知道老板对此项目的看法时，会如何处理？见表 2-3。

表2-3 典型问题及处理办法

问题	你有重要项目要向老板汇报,却不知老板对此项目的看法时,会如何处理
办法	阳刚:不管老板是否有空,为效率立即呈报
	阴柔:不知如何有效应对,等老板问时再说
	和谐:先用闲聊语气,再用好话来进行沟通
【处理要领三部曲】投石问路→说好话→有腹案	

一般来说,越有才能的人,越不管老板是否有空,为了有效率会立即汇报。比如,有位干部说:"老板,有件事要跟您报告……"老板打断了他的话:"等会儿吧,我这儿忙着呢。"他说:"不行,我一定要现在说。"老板一听非常火大:"你比我还忙是不是?"这样的干部很可能会断送自己的前途。

但是,干部如果不知如何有效应对,消极地等老板问的时候再说,老板又会说:"一点也不积极,每次都是我问你,你才说。"

积极也不对,太柔和也不对,怎么办才对?这要有独到的功夫,先用闲聊的语气,再用好话来进行沟通。

一般来说,部属有效请示领导有三要项。

第一,投石问路。

领导日理万机,情绪起伏大,干部要懂得"投石问路"。比如,在接近用餐的时候,干部特意经过领导的办公室,看到领导便问:"老板,您吃了没?"领导如果说"谁跟你一样,天天只想着吃饭",那他就知道,当天不能汇报了,汇报也没有用,领导一定什么话都听不进去。

中国人很清楚，当领导心情很好的时候，再困难的事情都有通过的机会；当领导心情不好的时候，明明很简单的事，无论怎样都通不过。所以，问领导"吃了没"，事实上跟吃饭一点关系都没有，而是问他心情好不好。这就是三十六计中的"投石问路"。

第二，说好话。

中国人自古以来就主张"有话直说""有话实说"。只是我们应知道"适时、适地、适人、适事"而适当调节"有话直说的程度"或"有话实说的程度"，也就是要说好话。

比如，有一个工作报告总共要三小时，干部如果跟领导说："领导，有一件事可能要向您报告三小时。"领导会被吓到，说："三小时？就听你的报告，其他事都不用做了？"我们不要怪领导每次都嫌报告时间长，都不认真听。事实上，我们报告时要懂得说好话，不要讲真话。

有人疑惑地问："老师，不说真话难道要说谎话吗？"其实不是，中国人常常懂得说第三种话，叫好话。好话，就是比较圆满的、让对方听得进去的话。你看到领导，说："领导，吃了没？"领导说："刚吃。"你说："领导，有一件事可不可以耽误您一两分钟，跟您讲一两句？"领导一听，说："这么重要？你讲吧。"你便抓住了表现的机会。

让领导听进你请示的第一句话，是沟通的重点。第一句话非常重要，如果总分是100分，第一句话占80分，其他话只占20分，

"一言不中，千言无用"。

有人说，真话有棱有角，如同四方形，讲真话很容易惹人生气，得罪人。所以，沟通时要懂得把话说好、说圆。见图2-3。

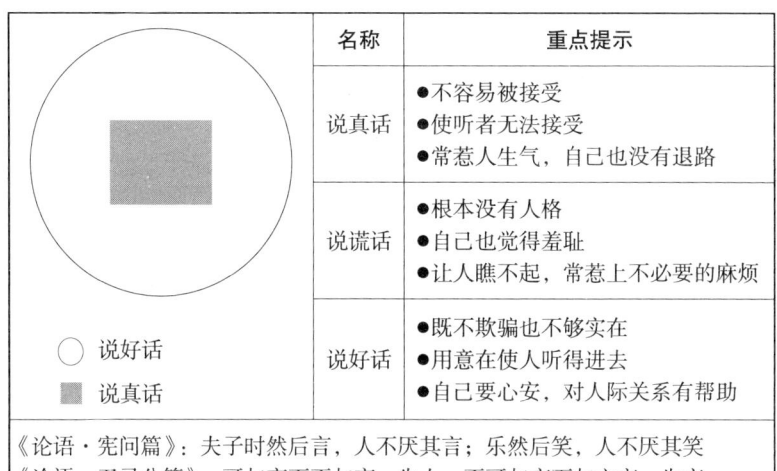

图2-3 沟通要懂得把话说好

《论语·卫灵公篇》中说："可与言而不与言，失人；不可与言而与之言，失言。"可对某人说的话，没对他说，会失去他这个朋友；不可对某人说的话，对他说了，就说错话了。所以，该说的说，不该说的不说。《论语·宪问篇》中说："夫子时然后言，人不厌其言。"这是需要修炼的。有人认为，**讲真话不行就只能讲谎话了。其实不是，在真话和谎话之间，还有好话**。见图2-4。

	发讯者	收讯者 短期	收讯者 长期	说明
真话	√	×	√	好心办坏事 无法接受事实
谎话	×	√	×	想讨好别人 后果更加严重
好话	√	√	√	心中有对方 最后接受事实

图 2-4 真话、谎话、好话的差异分析

讲真话就是讲直话，短期内无法让对方接受，常常好心办坏事。讲谎话，想讨好别人，短期内让对方受益，但后果更加严重。讲好话，心中有对方，对方最后接受事实。

我的一个医生朋友说："我是医生，我能讲谎话吗？我绝对要讲真话，否则我还叫医生吗？但是，我是负责医学检验报告的，我一讲真话很可能会害死人。"

我说："你检验什么？"

他说："癌症。发现病人患了癌症，我马上跟病人说的话，会让病人更加害怕，本来人家还可以多活几个月，结果生命大大缩短了，我会觉得自己良心不安，都不知道该怎么办了。"

我说："很简单，不跟病人说就好了。"

他问："不跟病人说不就是骗他了？"

我说:"实情可以跟病人的家属说。当然,如果病人要求知道实情,一定要告知,可能在短时间里他会很低落,这时无论医生还是家属都要给予其最大的支持,他才能更好地接受现实并配合治疗。"

第三,有腹案。

最重要的是要有腹案,不能脑袋空空地去问领导,而要给领导提供第一线情报的多种选择。中坚干部,为了自己有效执行领导的命令,当然不能静待领导的决策,最好有未雨绸缪的忧患意识,对现状和相关变数进行分析,做到心中有腹案。比如,给领导A、B、C三个方案,让领导根据这三个方案,甚至更简单的是非题来选择与决策。

领导轻松不轻松,与干部能否恪尽其责有密切关系。干部能够很好地"承上",领导就会很轻松;干部不能很好地"承上",领导就会很累。

自我学习心得笔记

_____

_____

_____

顺利地交办部属任务

什么叫启下？说到底就是如何与部属好好相处。

● 问题：

若你是领导者，在部属休假前交办其重要项目，假期后该如何追踪项目的进度？见表2-4。

表2-4　典型问题及处理办法

问题	若你是领导者，在部属休假前交办其重要项目，假期后该如何追踪项目的进度
办法	阳刚：一上班立即追问其项目进度才有效率
	阴柔：部属刚休完假，不好意思追问
	和谐：看部属是否会主动汇报，找机会教育改善
【处理要领三部曲】关心部属→看部属是否主动汇报→找机会教育改善	

很多人认为，部属一上班就应该立即追问其进度才有效率。可不可以？我一直强调，如果这个部属是"奴才"，怎么问都可以，不用担心他会出现什么问题。但是，当这个部属很有才华、很有实力的时候，这样做就不妥了。

"假期前交代的工作做得怎样了？"如果这样直接问会惹得部属不高兴，就算没有做好，他也很有可能会对你说："早就做好了。"尤其是能干的部属，心里会这样想："平时口口声声说关心我们，原来都是假的，假期刚结束就一直问工作，难道让我在假期也要工作吗？一点也不人性。"部属会很生气，甚至跟你吵架。

也有人觉得，部属刚休完假，不好意思追问工作进度。这样做虽然减少了部属的压力，却会置自己于被动。

其实，还有更好的办法，与部属闲聊，在聊天的过程中看部属是否会主动汇报，再找机会教育改善。"这几天休假去哪里玩了？"明明很在意工作的进度，但是不能直接问，一定要让部属感觉气氛轻松，他才不会生气。引导得好的话，部属很可能主动向你汇报："主管，假期前您交代我做的工作，我已经有初步的成果了，不知道您是否有空，我向您做个汇报？"

这叫不明言以启发有心人。情是管理的诱导台，由情入理，才是培育人才之道。见表2-5。

部属有心的话，我们根本用不着直接追问。不要以为跟部属聊天纯粹是浪费时间，没有用。老子的"无为才是大有为"是有道理的。轻松地与部属聊天有两大好处：一是部属不会生气，不会跟我们吵架;二是我们能找出主动汇报的部属。

表 2-5　由情入理的培育之道

选才顺位	做事的态度	忠诚度配合测试
第一	不用命令就去做	没你我会死（志同道合）
第二	要命令才会去做	留不留都好（加以调教）
第三	用命令还不去做	早走早好（伤心劝退）

- 老板常用命令，最多训练出三四流的部属
- 情是管理的诱导台 / 不明言以启发有心人
- 让部属自动自发 / 甘愿做，不计较

主动汇报的部属，找出一两个就够了。部属主动汇报，领导会很轻松；部属不主动汇报，领导会很累。中国人很重视找出第一流的干部。部属训练得好，才会成为得力干将，领导自然便能够轻松愉快。

一般来说，部属不用命令就去做，领导找到这样的志同道合者会很轻松；部属要命令才会去做，这样的人虽然可以加以调教，但留不留都没关系；如果用命令还不去做，这样的部属早走早好，要借机劝退。

一位年轻的企业接班人对我说："老师，由情入理这一招效果很好，以前我常常跟部属吵架，用这一招后竟然不跟部属吵架了。不过，用这个方式有个后遗症。"

我说:"什么后遗症?"

对方说:"跟部属聊天很好,不过有的部属一聊就是一整天。谁有这个工夫跟他聊下去,那还了得?我相信很多人碰到这种情况马上就火大了,'你以为我喜欢跟你聊天?我哪有时间跟你聊,我的目的是希望你汇报工作',导致部属觉得很寒心、很倒霉,遇到了奸诈的领导——要汇报工作直接说多好,却故意用聊天来测试我。"

我说:"中国人很重视人的修为。你明明很生气,却不能生气。不教而杀谓之虐,部属跟你聊下去,你不要紧张,更不能生气,而应把他叫到你的办公室,跟他说,'你跟我聊了很多私人的事,其实我很感谢你,因为你真的把我当成自己人才会说这些。但是,这样对你很不利,别人会以为你没事可做,事实上你是很认真的人,如果被人家误解对你实在很不好'。这样他就会知道,以后要聊天也只能是汇报工作。"

"但是"是最厉害的一个词,中国人一讲"但是"的时候,就得注意了。遇到上述案例的情况,我们要善用"但是"来化解。这样,短期内好像很累,但是之后就轻松愉快了。如果我们一开始就不愿意付出时间与部属互动,每次都为此伤脑筋,就极不划算了。

领导交办部属任务的时候要注意表2-6中的三个要点。

表2-6 领导有效交办部属任务三要项

- 由情入理：与部属见面第一句话不要谈工作
- 大智若愚：虽内心有答案但还问部属是否有重要的事
- 复诵重点：让部属自己表达，才知其了解多寡

阴阳相对	老板的态度	有才华的部属的态度
忙碌领导	急着交办任务 （表面上有效率）	等着让你出糗 （胸有成竹，看你如何）
轻松领导	急事缓办 （胸有成竹，看你如何）	忙着应付任务 （战战兢兢地谨慎工作）

第一，要懂得由情入理，与部属见面第一句话千万不要谈工作。

很多中国人都是这样，你说东他想西。与部属见面第一句话就谈工作的话，他会觉得我们从来不关心他，以前所说的那些关心他的话都是假的。拿当妈妈的来说，为什么很认真的妈妈往往很讨子女厌？就是因为妈妈的第一句话常常离不开功课。尤其是子女一考完试回来，妈妈马上问考得怎么样。子女就很生气，心想："考得不好还一直问，写在脸上都不知道？"

我们经常强调"察言观色"，就是说要懂得情。只要第一句话说对了，后面的事就都好办；最怕的是第一句话就说错了，以后更麻烦了。所以中国人在一句话的开头常带上"很难讲"，是很有

深度及讲究的。

第二，要懂得大智若愚，虽然内心有答案但还要问部属是不是有重要的事情。

内心有答案却还要问为什么。比如，有的校长当得非常辛苦，因为他每周一都要跟教务主任、教导主任、总务主任交代工作，必须把交办教务主任的事项写下来，把交办教导主任的事项写下来，把交办总务主任的事项写下来，然后一一交代给他们，不辛苦才怪。

如果我是学校校长，我不会这样做，而是把答案变成问题。见到教务主任，我会问他："你是不是有重要的事要向我汇报？"对方立刻做沉思状："有吗？"我接着补充一句："难道没有吗？"教务主任一听会马上紧张起来，说："有。"然后当即想出来三件。我这时说："是不是还有两件？"

我明明有五件事要跟教务主任交代，内心有答案，但我不会直接跟他说，因为我直接说的话，到时候他做错了，会怪我没有规划好，而我总是会有疏漏的地方。百密难免有一疏，第一流的领导者要懂得把答案变问题，大智若愚。

第三，要懂得复诵重点，让部属自己表达，才知道他了解得多还是寡。

交办任务不要急，交办以后重复一下重点，并让部属复述。"我刚才讲了什么重点，你说一下。"我们这样做，部属就会知道，原来领导交办事情的时候随时会问，他才会认真听。急着交办任务，表面上有效率，以后也许会更忙碌；懂得急事缓办，才有可能做得好，工作效率才会高。

自我学习心得笔记

_____

_____

_____

_____

_____

_____

_____

_____

03 复合协作,携手共赢

领导要训练好干部,让干部有效地发挥做"坏人"的精神,奠定自己当"好人"的基础,员工看在眼里,才会心甘情愿地做"憨人",那就和谐共赢了。

向部属转达上级任务

事实上,有实务经验的人都清楚,单纯的"承上"或"启下"还比较简单,真正复杂的是,同时应对承上启下这种双重的问题。

● 问题:

一个基层员工不小心弄坏设备,在个人可负担赔偿金额的情况下,你若是高阶领导者,会如何处理?见表 2-7。

表 2-7 典型问题及处理办法

问题	一个基层员工不小心弄坏设备,在个人可负担赔偿金额的情况下,你若是高阶领导者,会如何处理
办法	阳刚:当场指责员工,并要求其赔偿设备金额
	阴柔:不忍心指责及要求其赔偿,自己付钱了事
	和谐:关心其是否受伤,并请干部要求员工赔偿
【高阶领导处置】关心部属→干部出面→合理赔偿 【中坚领导处置】由情入理→安慰辅导→合理化解		

"三思而后行",不是简单地想几次就行了,而是至少要有三个方向的思维。这个问题同样也有三个答案,这三个答案没有绝对的好坏,但是比较而言第三个答案更为圆满。中国人处理事情重视圆满,在圆满中分是非。中国人不是不重视是非,而是更重视大是非,即圆满与否。

很霸气的领导,做事情不讲情面,为了体现自己的威严,当场指责员工,并要求其赔偿设备金额:"你弄坏设备了,你给我赔!"这样做的副作用很大。如果金额高,部属可能会忍气吞声。如果金额没多少,才500元,领导居然说"你给我赔",部属的脾气可能会比领导还大:"赔就赔,500元而已,算什么,直接从我薪水中扣。"所以,领导会发火还要会灭火,不会灭火,容易导致怒火攻心。

不忍心指责员工,领导自己赔偿可不可以?领导自己付钱了事不是不可以,但这始终不是万全之策。尤其是当金额很小、高阶领导也要员工赔偿的时候,中坚干部就很生气:"才500元,也叫我让员工赔,我哪里说得出口?干脆替他付了得了。"

一定要记住,千万不要好心办坏事,处理任何事情时都要先搞清楚,是先例还是特例。如果是先例,这次替这个员工付了500元,下次有人弄坏设备的时候怎么办?让他赔还是不赔?可见,这不是用钱就能处理好的问题。群众的眼睛是雪亮的,他马上会说:"上次那个人不用赔,为什么我却要赔?"这就是好心办坏事。有本事替员工出钱,可以,但一定要确定是特例。

领导要懂得儒法并用。学会这套功夫，看到员工弄坏设备，领导的第一反应是问员工："有没有受伤？要不要看医生？"宽大为怀，展现亲和力。但是，领导一回到办公室就把经理叫过来："刚才有员工弄坏设备，他应该合理赔偿。"这时候经理心里肯定是这么想的：为什么你自己不说，让我去说？自己当好人，却让我当坏人，凭什么？

讲得实际一点，以前经营企业很简单，是标准的老板文化，老板命令员工做什么，员工去做就对了，没什么好商量的。现在当老板的，如果只懂得命令员工，员工会觉得老板很奸诈，不会配合老板，甚至会"背叛"老板。

领导要想让干部出面解决事情，一定不能用命令的语气，而要这样说："我为什么叫你去处理？因为你是干部，你很能干，我相信你一定能处理好。虽然只是500元，但我们得按制度办事，我们如果不让员工赔偿，破了这个例，以后就难管理了。"这样，干部不但不会觉得领导奸诈，反而很佩服领导，就会心甘情愿出面协调，由情入理地劝导员工，使员工高高兴兴地接受赔偿。

说到底，就是有人唱白脸，有人唱黑脸。见表2-8。

通常人们认为"好人好做，坏人难当"，其实"好人难当，坏人好做"。

什么叫"好人"？就是事后要完好负担责任的人。当好人的目的，是要把事做好。为什么"好人难当"？因为高阶领导要有一套当"好人"的本领，干部才能长期充当"坏人"而不觉得辛苦。

也就是说，高阶领导善于收拾场面，使干部不致遭受误解甚至恶意打击。为什么"坏人好做"？因为"破坏最为容易，事后重建才是困难重重"。

表 2-8 领导者的黑白脸配套

阶层	职位	构造	运用	分配	角色	重点提示
高阶	领导	天	情（由情入理）	权	好人（白脸）	●好是事后要能完好负担责任 ●破坏最为容易，事后重建困难 ●与基层处理不好将无人和解
中坚	干部	人	理（合理解决）	责	坏人（黑脸）	●坏是相对于高阶而言的，并成全高阶的好 ●干部当坏人，基层较容易接受 ●与基层处理不好由领导和解
基层	员工	地	法（当作腹案）	利	憨人	●务实认真并勇于按规定行事 ●超越法定范围，需请示干部

领导说："你按照规定让他赔就对了，他如果不这样做，我会挺你的，你紧张什么？你如果处理不好，我会帮你和解的。不是我奸诈，不是我不愿意去做，而是我去做的时候，如果处理不好，谁来和解呢？"只要领导这个"好人"能抓住原则，干部是乐意扮演"坏人"角色的。

领导和干部都当"好人"，太松了，部属会乱来；都做"坏人"，又太严了，部属会吃不消；只有一好一坏，干部依法执行，领导好意善后，这才是最佳拍档。

干部的责任其实是成全领导的好。干部懂得忍辱负重，懂得成全领导,领导才会欣赏他,栽培他。然而,真正优秀的干部很少,关键时刻,大家都在踢皮球,没有负责任的人,那当然不行了。这就是很多企业领导重视培养中坚干部的原因。

干部处理事情跟高阶领导是不一样的。高阶领导充当"好人",请干部出面解决,干部如果没有经过训练,不懂得做"坏人",往往会造成更大的问题。员工不是省油的灯,干部让他赔偿时,他马上火大:"赔什么赔?我为什么要赔?刚才领导还问我有没有受伤,要不要看医生,这种小钱难道还要我赔吗?"干部理直气壮地说:"就是领导让我叫你赔的。"干部一句话就把领导出卖了。员工也很寒心,心想:"领导这么奸诈,刚才还问我有没有受伤,要不要看医生,背后却叫人来找我赔偿,实在是狡猾。"

所以,领导要训练好干部,让干部有效地发挥做"坏人"的精神,奠定自己当"好人"的基础,员工看在眼里,才会心甘情愿地做"憨人",三阶层密切配合,充分实现三才之道。

不过,中坚干部要想有效地发挥做"坏人"的精神并不是那么简单的,至少要懂得以下三招。见表2-9。

表2-9 干部扮演黑脸三要项

要点	说明
有转化力	将高阶领导的严厉话语转化为基层员工能接受的话
戴高帽子	使基层员工受到重视,不因过失而难过
合理化解	让上下级均能圆满接受规定处理

第一，有转化力，将高阶领导的严厉话语转化为基层员工能接受的话。

经过训练的干部，不会马上说让员工赔偿的事情，而是先说一些由情入理套交情的话，"刚才有没有受伤？要不要看医生？"一样很关心他，一样先安慰他。

第二，戴高帽子，使基层员工受到重视，不因过失而难过。

关心之后，干部会问："你跟领导是不是亲戚关系？"员工说："我怎么会跟领导有亲戚关系呢？"干部说："那你跟领导的交情可不浅。"员工疑惑地说："我跟领导哪有什么交情？"这时候干部说："那就是你能力强，领导非常重视你。以前只要弄坏设备的，领导二话不说都是让照价赔偿，这一次领导居然跟我说，本来要赔1000元的，你只要赔500元就好了。"员工很惊喜，心想领导居然为了这件事情替他求情，马上拿出500元来。

第三，合理化解，让上下级均能圆满接受规定处理。

干部不能为了取悦员工，把本来要求员工赔偿的500元说成300元，这样员工虽得到了"优待"，领导却不会满意。另外，员工做错事已经很倒霉了，不要让他觉得既要赔钱，又让领导觉得他无能、常常做错事，而要让他觉得做错事还受到领导的重视，不会因过失而难过。这才是好的干部，才是真正厉害的干部。只有让员工觉得赔钱归赔钱，但领导还是在替他争取福利，照顾他、关心他，他才会有完全不一样的感觉，按规定接受处罚。

这种模式如果运作得好，承上启下就很容易了。其实，处理上下级之间的问题有一个标准，只要把握好这三要项，任何复杂的事都不是问题。《易经》告诉我们，化繁为简，才能执简驭繁。我们要找出不易的道理，而不是变易之道。

每个企业都有不一样的问题，但是回到根本，都是层级的处理问题而已。概括来说，一个好干部要做到以下三点。见表2-10。

表2-10　干部转达上意并化解部属问题

要点	说明
体谅高阶领导	体谅高阶领导的原则并委曲求全
关心部属	由情入理，让部属主动讲理
合理化解	使部属了解原因并真心悔过

首先，要懂得体谅高阶领导，也就是体谅高阶领导的原则，懂得委曲求全。

其次，要懂得关心部属，由情入理，让部属主动讲理。干部越关心部属，部属越愿意把事情原委说出来，比如他这次弄坏设备的原因是什么，这有利于干部了解情况，轻松进行处理。

最后，合理化解问题，让部属了解原因，最重要的是真心悔过。

● 问题：

当公司规定正确无误，但客户不承认错误且到公司闹事时，你若是高阶领导者，将会如何处理？见表2-11。

表 2-11 典型问题及处理办法

问题	当公司规定正确无误,但客户不承认错误且到公司闹事时,你若是高阶领导者,将会如何处理
办法	阳刚:主张以身作则,亲自与客户协调以示诚意
	阴柔:怕处理不当造成客户反弹,想办法推托
	和谐:先请干部与客户协调,探查底线再因应
【干部处理要领三部曲】干部出面→探查底线→和谐化解	

很多领导主张亲自与客户协调以示诚意。领导为什么非常辛苦?因为总是觉得什么事情只要亲自处理就可以化解,没什么好害怕的。皇帝御驾亲征的前提是什么?是确定会打胜仗,自己的实力远胜于敌人的实力。皇帝御驾亲征时,敌人也不是省油的灯,如果皇帝没有实力,一箭被射死,反而伤了士气。高阶领导也是一样,不是以身作则就什么事都可以处理得很好,保证做得好才能以身作则,如果处理得很糟糕,只有被羞辱的份儿。

怕处理不当造成客户反弹,想办法推托行不行?一推托,客户很容易不耐烦;一直推托,就是把自己往火坑里推。

这时候,最好的办法其实是让干部出面协调,领导既不会受累,也不会难堪。见表 2-12。干部出面,可以保留领导这个王牌,为干部善后。最重要的一点在于,干部出面可以探查底线,查出客户不讲理的真实原因。客户不承认错误,不但钱交不出来,还在那里抱怨,为什么?原来 10 万元对他来说数目比较大,他一时交不出来,但是每个月 1 万元他付得起。所以,硬逼着他把 10 万元交出来是不可行的。干部探查之后，协调为分期付款，每个月让客户付1万元。这样，客户满意，公司能接受，问题也就合理解决了。

表2-12　干部出面有效处理客户问题

要点	说明
干部出面	保留领导这个王牌善后
探查底线	查出客户不讲理的真实原因
和谐化解	使客户满意，公司能接受

我们常说，一两个能干的左右手胜过几百个平庸员工。千军易得，一将难求。即使拥有千军万马，如果都是乌合之众，没有几个能干的将领替我们打天下，那也没用。所以刘邦没有韩信，他也一筹莫展；雍正没有年羹尧，西北也平定不了。但有这样的将领，我们也要能掌控他，掌控不住的话，我们同样会很辛苦。带领一两个比自己能干的将领，远比带领千军万马要难。

干部训练得好，对领导来说大有好处。第一，让领导有了好的"防火墙"。第二，让领导进可攻退可守。进，干部帮忙探查客户的底线，获得客户；退，领导不用担心被客户报复，干部会保护领导。

太极生两仪，两仪生四象，四象生八卦。就组织而言，划分为高阶、中坚、基层三个阶层，这三个阶层要发扬树状精神，灵活调配与运作。见图2-5。

阶层	职位	三才	象棋	表现	角色	树
高阶	领导	天	将、帅	无	好人（白脸）	树根
中坚	干部	人	车、马、炮	能	坏人（黑脸）	树干
基层	员工（客户）	地	兵、卒	有	憨人	树叶

树叶（基层员工）

树干（中坚干部）

树根（高阶领导）

图 2-5　组织要发扬树状精神

我常常直接问老板："一棵树，树干粗壮、树叶茂盛比较重要，还是树根稳健比较重要？"老板一开始是犹豫不决的，后来听我说树根稳健比较重要，也认为是对的了。

在一个企业中，高阶好比树根，中坚好比树干，基层好比树叶。俗话说："树头若稳，不怕树尾起台风。"树根当然重要，树根是企业的基础，为生长的总源头，只要树根很稳健，就不用担心它以后遇到大风大浪，因为大风大浪是折损不了它的，即使树叶都掉光了，也会春风吹又生。

树干也很重要。中坚干部是企业的中流砥柱，是基业长青的坚实基础。如果一个企业的干部不能干或者没有中坚干部，那肯定会乱糟糟的。

那树叶就不重要吗？树叶生病枯黄，是不是影响整棵树的精神面貌？

企业各阶层都应该支持上级去发挥"树根支持树干，树干支持树叶"的精神。当然，各级人员也应该在上级的支持下，充分发挥自己的潜力，尽心尽力工作，整棵树才会枝繁叶茂、生机勃勃、硕果累累。

"上侵下职"，如果居上位的人把部属的工作抢去做，就严重违反了树状的组织精神。高阶领导不放心中坚干部，中坚干部不信任基层员工，只好事必躬亲，结果不但累坏了自己，也压得部属无法放开手脚地去做事，对组织只有害而无利。

自我学习心得笔记

将部属情况上报

那么,如何下情上达呢?

● 问题:

基层员工常抱怨公司相较于同行来说薪资太低、福利太少。若你是经理,该如何处理?见表2-13。

表2-13 典型问题及处理办法

问题	基层员工常抱怨公司相较于同行来说薪资太低、福利太少。若你是经理,该如何处理
办法	阳刚:直接骂基层员工只重私利,不重责任
	阴柔:怕老板轻忽问题的严重性,加重语气上报
	和谐:等老板情绪稳定时,合理应变化解问题
【处理要领三部曲】探查真相→有效汇报→和谐化解	

很多经理常常被老板骂，就是因为他们不会处理这个问题。他们很单纯地认为，直接骂员工只重私利，不重责任就能很好地化解了。其实这样做不但没用，还会激怒员工，员工会顶撞经理："是你当经理的没用，没有下情上达的能力，不会替我们争取福利，却一直用上面的任务来压我们，你还有什么本事？"最后反而落得众人唾弃。

若是怕老板轻忽问题的严重性，加重语气上报，是否就恰当呢？经理随便加重情况汇报，老板不会完全不知情，一句话就可以让经理无地自容："事实上，我向员工了解过情况，根本没你说的那么严重。"

那要怎么做？处理问题没有这么简单，还是要投石问路，等老板情绪稳定时，合理应变化解问题。也就是，先探查真相，然后跟老板汇报，以求和谐化解。见表2-14。

表2-14 如何有效下情上达

要点	说明
探查真相	了解问题产生的真正原因
有效汇报	投石问路，让老板愿意了解真相
和谐化解	使老板愿意化解并得到部属体谅

第一，探查真相。

探查真相，就是了解部属反映的情况是否属实，以及问题产生的真正原因。同行的薪资和福利水平怎样？相比较而言，公司的薪资和福利水平又是怎样？一定要在真相很清楚的时候才向老板汇报，如果事先没进行过调查，员工说什么你就说什么，那么你就只会给自己找麻烦。

你跟老板说："老板，员工最近觉得福利太少、薪资太低。"老板会骂道："你胳膊肘到底是往里拐还是往外拐？员工说福利低你就来找我，现在公司经营困难，你替我想想啊。你当干部的只知道替员工讲话，我还用你干什么！"连情报的掌握探查都没做到，要有效汇报就更难了。

第二，有效汇报。

有效汇报，就是投石问路，让老板愿意了解真相。有效汇报的功夫平时就要注意训练，一定要懂得"正言若反"的道理。就算情况属实，也不能据实以报，要不然老板肯定会认为"员工讲什么你就讲什么"。一般来说，说相反的话老板才会听。

如果我是这位经理，我会这样跟老板说："老板，对我们的员工，我实在不知道怎么说他们好。"老板问："怎么了？"我说："其实我们公司的薪水与福利，已经是业界最高的了，可就是有人不满意。"老板会说："你去查查看，我们的薪水不一定真的有你说的那样高。"这时候我不会说"马上去查"，而是说："不用查了，我们公司员工的薪资和福利够好了，不能让这些员工得寸进尺。"老板反而会说："你不要这样想，还是去查查比较好，我们可能还是有做得不好的地方。"越是站在公司的立场为公司着想，老板越是会说"你要去查查比较好"。

第三，和谐化解。

和谐化解，就是让老板愿意化解，并得到部属体谅。第一流的干部要懂得让老板配合自己做决定。不能直接给老板结论，要不老板会觉得你在控制他。其实你早已查清了情况，但是不能马上把资料拿给老板。在老板的再三要求下，你说："好，我去查。"将资料给老板的时候，你用没底气的语气说："老板，我们的薪水其实很好。"老板一看："的确，不过还是没人家的好，微调一下，该调就调。"员工的要求得到满足，哪怕是"微调"，他们也会觉得你这个干部不错，以后有什么事都喜欢跟你说，把你当成"自己人"。

下情上达，关键在于中坚干部是怎么做的。如果高阶领导听不进去干部的话，一点用都没有。想要高阶领导接受自己的建议，中坚干部需要练就深厚的功夫。

自我学习心得笔记

_____

_____

_____

_____

越级问题的解决之道

在企业中,越级现象早已不是新鲜事,甚至很多人认为越级才能展现自己的能力,真的是这样吗?员工越过干部向老板汇报,叫越级上报,是"大不敬"的问题,一般是不允许的。如果老板越过干部直接指挥员工,叫越级指挥,通常也是要避免的。见图2-6。

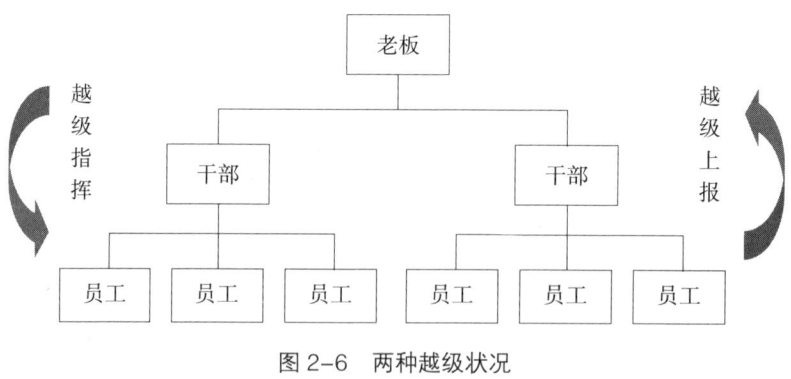

图2-6 两种越级状况

我们来看看这两个实际问题该如何处理。

● 问题:

你是经理,你不在公司时老板交办任务给你的部属,你如何因应?见表 2-15。

表 2-15 典型问题及处理办法

问题	你是经理,你不在公司时老板交办任务给你的部属,你如何因应
办法	阳刚:指责老板越级指挥并警告部属将内情说出
	阴柔:不敢询问老板、部属,感觉很窝囊
	和谐:肯定老板亲民,并合理告知部属要汇报
【处理要领】肯定老板亲民→告知部属汇报→主动向老板汇报	

可否直接指责老板越级指挥?当然不行,直接指责老板越级指挥,老板会很生气:"我这点权力都没有了?况且你不在公司,我也是没办法。"尤其是一些创业家,毕竟割舍不下促其成功的工作,所以经常关心基层的工作,向基层展现高阶的亲和力。这似乎是可以理解的。

遇到这种情况,有的干部不敢问老板,也不敢问部属,感觉很窝囊。更糟糕的是,老板也觉得干部没用:"连我向员工交代了什么事都不知道,可见你平时掌控部属的能力很差。"

这时候应该怎么办?最和谐的方式是,肯定老板亲民,并合理告知部属要汇报。这里有三个要领供大家参考。见表2-16。

表2-16 越级指挥的处理办法

要点	说明
肯定老板亲民	感谢老板百忙中还关心部属
告知部属要汇报	若有事情需你负责，请及时告知
主动向老板汇报	让老板知道你能够掌控部属

第一，肯定老板亲民。

肯定老板亲民，就是感谢老板百忙之中还关心部属。为什么要肯定老板亲民？跟老板对着干，就准备倒霉好了。我经常向中坚干部强调这样一个观点："你们要对老板好一点。"对方说："我知道了，我们当干部的对老板好一点，他才会照顾我们。"我说："当然，不过最重要的是，你对老板的态度会影响你的部属对你的态度。"

榜样的力量是无穷的。干部常常跟领导对着干，员工看在眼里，对干部只会一百个不尊敬。家庭中也常遇到这种问题，爷爷奶奶年纪一大，身体慢慢出现各种不适，甚至有中风迹象，手脚无力，经常不小心摔破碗，爸爸妈妈很生气："真是老了不中用，用再好的碗也没用，用木头碗最好了。"然后买了木头碗给爷爷奶奶。有一天，爸爸妈妈回家看到儿子在刻木头，问："你在干什么？"儿子说："你们也会老，我把木碗先刻出来，给你们以后用。"干部要意识到这一点，员工是很善于模仿的，你对老板的态度，就是以后员工对你的态度。

第二，告知部属要汇报。

告知部属要汇报，就是如有事情需你负责，请及时告知。很多时候，老板直接布置任务给员工，员工也没对自己的直属上司说，所以直属上司很生气，心想："老板向部属布置了什么任务？居然不对我说，是不是私底下有不可告人的事？"

怀疑没有用，你越是怀疑，部属越是不告诉你。这时候你不要急，反而要让员工知道你很肯定老板的做事方式。你说："今天我不在公司，老板跟你沟通了一些事情，老板真的很有亲和力。如果有需要我负责或需要我帮忙的，你不妨及时告诉我。"这时员工会向你一一道来。这样，你就能掌握情况，了解老板跟员工讲了什么，你自己需要注意什么。

第三，主动向老板汇报。

主动向老板汇报，就是让老板知道你能够掌控部属。这是最重要的。其实，有的老板这样做就是为了测试干部的能力。如果你主动跟老板汇报："谢谢老板给我们的指导，您让我注意的事我会关注的。"老板才会佩服你。"我跟员工说了什么他都了如指掌，且能轻松愉快化解，很了不起。"

● 问题：

你是经理，你的直属员工越级向老板反映你常常工作不到位，你要如何因应？见表2-17。

表2-17 典型问题及处理办法

问题	你是经理，你的直属员工越级向老板反映你常常工作不到位，你要如何因应
办法	阳刚：查出是哪位部属越级报告，立即教训
	阴柔：不敢问老板，无法得知是谁越级报告
	和谐：先反省，请教部属原因再向老板报告
【处理要领】检讨自己的过错→请教部属原因→汇报处理结果		

越级上报的人，在大家眼里就是喜欢打小报告的人，对这种人，大家深恶痛绝。没有经过训练的干部采取的办法是，查出是哪位部属越级报告，立即教训。干部大吼："是谁偷偷越级报告的？"干部脾气越大，员工越不敢讲，"领导还不知道是谁脾气就这么大，我一定不能承认，否则吃不了兜着走，我没这么傻"。所以干部绝对查不出是谁通风报信的。

有的干部不敢直接问员工，也不敢问老板，自然无法得知是谁越级报告的。老板也觉得这样的干部很惨："谁来告你的状都不知道，你还是干部？干部人缘这么差，怎么得了！"

遇到部属越级上报的情况，干部应该先反省，请教部属原因再向老板汇报。同样有三个步骤。见表2-18。

表 2-18 越级上报的处理办法

要点	说明
检讨自己的过错	找出自己做得不足的地方
请教部属原因	由情入理让部属主动说出道理
汇报处理结果	让老板知道原因并真心悔过

第一，检讨自己的过错。

检讨自己的过错，就是找出自己做得不足的地方。当有部属向老板告你状的时候，抱怨是没有用的。你抱怨，反而证明部属说得对，否则你那么生气干吗？所以你不能生气，反而要检讨自己的过错。

成功的人是会反省自己的人。西方人主张往外修，中国人主张往内修。负责的干部会先检讨自己，承认自己是有错的，对员工说："我可能有很多事情做不到位，向大家致歉。"部属一听反而不好意思了，心想："经理都主动道歉了，我们却私底下说他，是不是过分了？"这就是妙处，只有干部自己先改变，部属才会改变对他的看法。改变别人最好的方法是改变自己，逼部属"招供"是没用的。

第二，请教部属原因。

请教部属原因，就是由情入理地让部属说出越级上报的原因。"是不是我哪里做得不好，让你不满意，或是我没有注意到才让你费心往上报？我有什么地方需要加强的？"员工反而会说："没那么严重，只是刚好碰到老板，而你又不在，就跟老板说了一下。"

第三，汇报处理结果。

部属把事情反映给老板，干部不能置之不理；向部属了解原因后，应主动向老板汇报处理结果，并真心悔过："老板，我知道自己有很多不足……"老板可能会说："你自己知道就好，以后注意点，知错能改，善莫大焉。"

越级问题处理好了，才能杜绝"你不信任我，我不信任你""你猜疑我，我猜疑你""你抱怨我，我抱怨你"的不良风气，使团队拥有勇往直前的向心力，三阶层团结互助，密切配合，共同推动企业的发展。

自我学习心得笔记

_____

_____

_____

_____

_____

_____

_____

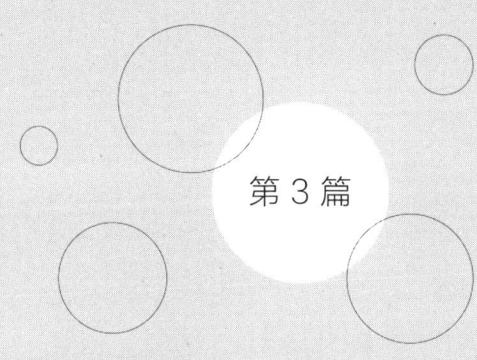

第 3 篇

激发团队愿力，融化人心

01 组织文化激发团队活力

任何组织中,有配合领导的"天使",也有不太配合领导的"恶魔","天使"战胜"恶魔"的过程就是组织文化形成与完善的过程。

中、美、日组织文化差异

有人做了这样的总结：阳刚代表美国式的管理，阴柔代表日本式的管理，和谐代表中国式的管理。为什么会有这样的差异？这是由美国人、日本人和中国人的整体性格特点不同造成的。见图 3-1。

	美国人	中国人	日本人
民族意识	竞技民族（奥林匹克）	太极民族	大和民族
组织运用	个人英雄主义、绩效导向	在群体中做好个人	合群事大、年资序列
思想形态	⊖ 简单、是非分明	☯ 最难、是非难明	○ 较难、大是大非
学术分类	有形分别的科学（做事效率）	无形合和的哲学（用人艺术）	
如何深入	知识（know how）【术】（学习）	智慧（know why）【道】（领悟）	

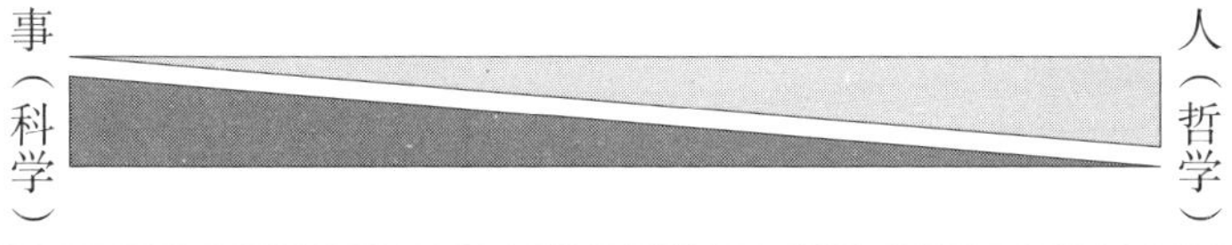

事（科学） ────────────────── 人（哲学）

图 3-1　美国人、中国人、日本人的整体性格差异

美国是竞技民族。西方文化强调个人英雄主义。所以,美国人用绩效导向分析事情,注重事的部分,以绩效论胜负,是个人英雄绩效导向。

绩效导向在西方很有用,在中国要想用好就很难。为什么?因为大部分中国人只能接受绩效好,不能接受绩效不好。绩效好,从主管升到经理他乐意接受,从经理升到副总他乐意接受,但是如果跟他说"最近你绩效不好,准备把你从副总调回经理",他能接受吗?我们还没看到哪个中国人说"我很乐意接受"的。中国人遇到这样的情况,很可能马上辞职,觉得脸都丢了,做不下去了。

美国式的管理强调做事效率,注重员工的绩效,只要高阶领导是英雄,员工就会跟着他做,这种模式简单、是非分明,易学易用。但是,这种模式只在稳定的情况下才有用,如果环境发生巨大变动,比的就是谁是真正的英雄了。在"时势造英雄"的时代,只要开公司就赚钱,但现在是"英雄造时势",高阶领导要懂得求变,要真的有本事,公司才有办法生存。

日本是大和民族。日本式的管理强调用人艺术,注重训练基层员工的服从意识。日本人是事大主义,讲究年资序列。也就是前辈说了算,前辈说什么后辈跟着做就对了。大和民族是大是大非型的,很团结,外国商品要想打入日本市场很难,因为他们会保护自己的产品。

中国是太极民族。很多中国人的个性是老板个性,很容易自以为是。老板自以为是,中坚干部就要懂得应变。所以,中国式的管理，注重训练中坚干部的应变能力，干部能否忍辱负重、委曲求全很重要。中国人比较重视在群体中做好自己。

中国人重视本事而非能力。**能力要发挥到别人能接受，那才叫有本事。如果能力一发挥就被打压，就不叫有本事了。**所以不管境况如何，我们不要总是强调自己"怀才不遇"，越是这样说，越说明我们人际关系很差，有本事的人是不会有这种问题的。中国人思维的特殊性在于，人跟事要合在一起想，所以最难懂。

从表3-1中可以看出，中国人的思维很特殊，走的是"S线"，"整个头脑线路弯弯曲曲"。西方人的思维是非分明，不是A就是B，所以中国人这种弯弯曲曲的思维，西方人是很难了解的。比如针对"喝茶还是喝咖啡"这一问题，西方人要么选择咖啡，要么

表3-1　中国人较易了解其他民族

	性质（场合）	结论说明
西方人想要了解中国人	○ → Ⓢ	难以了解（脑筋不够用）
中国人想要了解西方人	☯ → ○	容易了解（绰绰有余）

选择茶，中国人却喜欢说"随便"。所以，西方人觉得中国人很随便，事实上，中国人一点也不随便，说"随便"是有深层用意的。

西方人的思维是直线的，想学中国人的曲线，一时不好转弯，

所以西方人难以了解中国人。而中国人要了解西方人就简单多了，因为曲线要变成直线太容易了，绰绰有余。中国人不怕变化，最怕不变化，很容易适应变化的环境。

在组织文化的形成过程中，我们归纳出一种"262"组织成员结构。见图3-2。也就是，任何组织中一般会有20%不太配合领导的人，我们称之为"恶魔"；也有20%很配合领导的人，我们称之为"天使"；另外60%的人是中间分子，游离于恶魔与天使之间。

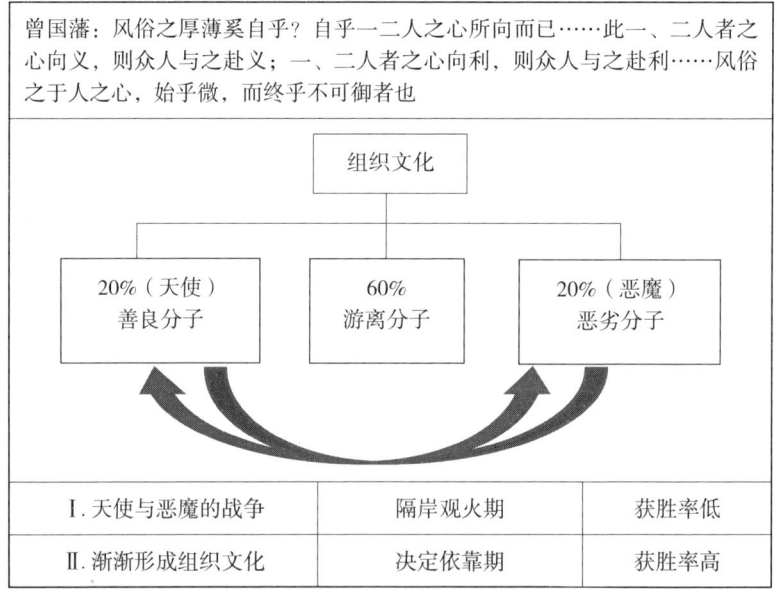

图3-2 "262"组织成员结构

很多老板发现这样一种现象，不管自己的决策怎样，总有20%永不叛变的人。这些天使是老板的铁杆粉丝，是老板的左右手,特别听老板的话,如果老板说加班,他们会无条件配合老板。而另外20%的恶魔,即使老板对他们再照顾,他们也总是充满抱怨,觉得老板对他们不够好。

很多人希望自己的员工支持率为100%。这是难以达到的,因为我们不是独裁主义者。我们强调民主,80%的支持率已经很好了,80%以上就代表很了不起了,已经是良性循环。

组织在经营的过程中,一定会遇到第一阶段——天使跟恶魔的战争。这一阶段属于隔火观望期,60%的游离分子是标准的墙头草,谁好就会跟谁。组织刚成立的时候,还不知道到底是天使获胜还是恶魔获胜,大家都在观望,这是很正常的。所以当老板的,一定要有本事让游离分子朝天使靠拢,这样,组织才能走上良性循环的道路,否则将陷入恶性循环。

不过这场战争很难打。举个例子:员工有很重要的事,希望干部上报。干部说:"你怎么建议这些问题?"或者说:"你建议的这些问题很好,但是10年前我们就建议过了,没有用的,你不要一而再再而三地提了。"遇到喜欢说风凉话的干部,员工也没辙。尤其是有排优观念的干部,比他们积极的、有能力的人才,早就被他们挡在了组织外面。

但是好的干部不一样。比如员工说:"不知道为什么老板没有给我回复。"干部会说:"老板最近很忙,你这个建议我一定会向老板做进一步说明的,只要有新消息我一定会转达给你。"员工的感觉就会不一样。

可见，是天使取胜还是恶魔取胜，不是员工的问题，而是干部怎么处理的问题。干部是天使还是魔鬼，其对老板的支持程度是有很大差别的。组织要选志同道合的人，"道不同，不相为谋"，老板要训练干部成为天使，天使才有可能战胜恶魔。

很多公司在短期内就倒闭了，为什么？因为恶魔获胜的比较多，天使获胜的很少。有叫"善势力"的吗？没有。我们只听说过"恶势力"。善显得相对弱势，或者说，善的力量很柔和。一个员工想加班多做一点事情，同事对他说："不要再加班了。"他说："我要把事情做完才回去。"同事说："你把事情做完再回去，那我们怎么好意思早回去呢？"他被同事唬住了，只好赶快下班回家。

不好的团队力量，也就是恶势力一旦形成，是很麻烦的。高阶领导要特别注意谁是天使谁是恶魔，并大力支持天使，才会跨入第二阶段——渐渐形成与完善组织文化。这一阶段属于决定依靠期，60%的游离分子确定支持天使，甚至有的恶魔也会慢慢走进天使的阵营，使整个团队充满活力。

曾国藩说："风俗之厚薄奚自乎？自乎一二人之心所向而已……此一、二人者之心向义，则众人与之赴义；一、二人者之心向利，则众人与之赴利……风俗之于人之心，始乎微，而终乎不可御者也。"义利的差别，关键在高阶的想法，高阶的氛围会直接影响整个组织的氛围。"风俗之于人之心，始乎微，而终乎不可御者也"，也就是说，组织文化的厚薄与领导息息相关，他们的一言一行都有一种示范作用。这种作用的感染和影响是无形的，却能形成一时一地的"风气"。"风气"不好就可能带坏部属，扭曲正常的上下级关系，以至于有损组织的形象。

从培养中坚干部的角度来说，这种"风气"的作用更是潜移默化、深入人心的。倘若一个干部走上领导岗位之后，个人的志向不坚定，涵养不够，无形中从天使变成恶魔的话，将非常不利于他的健康成长。而这对组织来说，也是一件很可惜的事。所以，高阶领导如何培养中坚干部，才是根本所在。

自我学习心得笔记

组织要有阶段性调整

在组织的经营过程中,有几个阶段性的用人措施,分别为招聘前、试用期、录用期。见表 3-2。成功的组织跟失败的组织不一样,主要在于成功的组织懂得阶段性调整策略,能够抓住这三个阶段的重点。

表 3-2 组织用人要有阶段性调整策略

时期	失败组织	成功组织
招聘前	企业:真实形象(-50%) 求职者:没愿景,不愿加入	企业:美好形象(+50%) 求职者:有愿景,积极加入
试用期	企业:宽松(先松后紧) 员工:企业太无情无义	企业:严格(先紧后松) 员工:企业给予机会栽培
录用期	企业:紧张(钩心斗角) 员工:竞争多,迟早离去	企业:和谐(荣辱与共) 员工:有人情味,和谐共处

第一阶段,招聘前。

我去过统一集团的几个企业，布置得都很简单，一点也不华丽，但是在招聘的时候，他们一定会把美好形象展现给应聘者。他们会租借让应聘者感觉到很舒服的场地来进行面试，比如酒店的会议室，不会让应聘者直接来公司。为什么向还没进企业的应聘者展示美好形象？因为简陋的真实形象很容易让应聘者打退堂鼓。每个应聘者都有梦想，当他们看到简陋的真相时，心底难免会产生不愿加入的想法。简陋不是不对，简陋代表企业省成本、很务实，但是应聘者不会这样想。企业要踏实地做，但是在招聘的时候，要提升50%的形象，适度的吹嘘是有必要的。

中国人很重视第一印象，应聘者也常用第一印象来论断企业，在还不确定应聘者会不会被录用前，我们应适度吹嘘外在的美好，美好形象是很重要的。尤其是中小企业，在这一阶段要特别注意形象，不要认为自己小，应聘者要来就来，不来就算了，这样的话，招到的都是没有梦想的人。

成功的组织能让员工看到组织的愿景，积极加入。比如宏碁集团，它需要5人，会先招进来500人，最后优胜劣汰，只有5人能留下来。而很多小企业，如果需要5人，就只招5人。举个实例。某公司要招聘5人，刚好来了5个应聘者，公司需要用人，没办法只好全额录取。应聘者反而被吓一跳，心想："全额录取？可能这个公司不好。"最后，没一个人加入。

照理说，公司全额录取，所有应聘者应该充满感激，但是没有，这印证了那句话，"容易得到的反而不懂得珍惜"。招聘5人，500

人来报名，录取率为1%的，应聘者反而会争相报名，觉得这么难才能得到机会，所以会很珍惜。

第二阶段，试用期。

这时一定要先紧后松，不要先松后紧。先宽松再严格，试用期把新员工当作客人，倒茶给他喝，还给他点心吃，工作很清闲，等到正式录用的时候对他说："因为已经正式录用，所以你要开始跑业务了。你要积极一点，上下班要准时，而且以后没有点心吃了。"那么新员工会觉得企业无情无义，心想："早知道这样，我就不来了。"这就是宠他的下场。

成功的组织不一样，一开始对新员工很严格，让他知道企业是有标准要求的，他要自觉遵守纪律，比如上下班要准时打卡。新员工不但不会因为企业的严格要求而退缩，反而会好好珍惜，认为企业是给予机会栽培他。

第三阶段，录用期。

在录用期的时候，企业要荣辱与共，有人情味，由情入理。中国人讲究情理法，情摆在第一顺位，法摆在最后。中国人常说"定法从严，执法从宽"，法不是不重要，在规划事情的时候必须先考虑法，先讲法，再讲理，最后讲情，这样才能规划得很完美，规划得很严谨。但是执行的时候刚好相反，要先讲情，再讲理，最后讲法，由情入理，让员工觉得有人情味，才能够依法办理，和谐共处。

但是，有的企业动不动就依法办理，打造出钩心斗角的紧张气氛，在这样的企业员工迟早会离开。

为什么现在很多企业重视与时俱进？"孔子，圣之时者也"，孔子达到圣人的境界表现在他顺应时势上。企业用人要与时俱进，做阶段性的调整，才有可能成为成功企业。

自我学习心得笔记

人资潜能的发展考评

企业的永续经营之道是什么？

企业应该从德和才两方面来筛选合适的人。选人的顺序是有德有才、有德无才、无德无才、无德有才。

首先，排除无德的人。

我给统一集团做顾问的时候，他们说一定要先过滤无德有才的人。这是对的。有人问："先把有才能的人、有业绩的人引进来，然后再教他品德，也就是他对公司的忠诚度，他对领导的配合态度以后慢慢教，可不可以？"不可以。

在中国人眼中，无德有才的人只能排到最后，甚至还不如无德无才的人。为什么？有经验的老板都很清楚，这辈子他被谁害得最惨？就是当初带给他一大堆客户，又把一大堆客户带走的那个无德有才的人。

跟一位总经理聊天时，他对我说："每次开业务会的时候，其他人都到了，可有那么一两个人总是不到。"

我说："是不是业绩较好的那一两个？"

他说："老师，你怎么知道？"

我当然知道，说："业绩不好的人敢迟到？迟到的话早就被你辞掉了。就因为业绩很好，所以他们才敢迟到。后来你怎么做的？"

他说："很简单，我马上让秘书去叫他们过来。"

我问："他们来了吗？"

他说："还是没来，居然还让秘书给我带句话，说业务是做出来的，不是开会开出来的，开那么多会没用，无能的人才会一直开会，有能力的人早就把业绩做起来了。我气得差点吐血，但是就像你说的，我又不敢辞掉他们，辞掉他们我向谁要业绩去？"

我见到过很多英年早逝的老板，其实大部分是被部属气死的。管理能干的人要有强大的内心。如果你的内心不够强大，那下场就可以预知了。

我们都希望用德才兼备的人。道德，这个"德"就是一个人的态度——心目中有老板。一个人的态度决定他日后配合的程度。所以我们在挑人的时候，首先要确定这个人是不是忠诚、会不会配合，不要等到他翅膀硬了再教他伦理道德，教他心目中要有我们，那是起不到好的效果的。

中国的企业文化很重视伦理道德，也就是重视上下级之间的基本礼数。举个例子。儿子从国外读书回来，直呼爸爸"老杨"，爸爸很生气："不懂规矩，老杨是你叫的吗？"儿子说："西方人都这样，直接叫爸爸全名也没关系。"所以，我们要了解中国人的特殊性。再举个例子。儿子跟爸爸吵架后，说"爸，I love you，我错了"，并给爸爸一个拥抱。西方人可以立刻接受，中国人绝对不行，儿子刚准备跟爸爸抱在一起，爸爸就挥手往他的脸上打下去："爱我就不要气我。"我们也许会觉得中国人没度量，其实不是，因为有一就有二，从今以后儿子可能成为一颗不定时炸弹。中国人在意的是态度问题。

我们能够用德才兼备的人自然最好不过，但是也要明白，德才兼备的人其实分为三种。

一种是有德平才的人，相当于基层守分员工。他们的能力不是很强，但没关系，只要有品德就好。如果每个人都是建筑师，那谁盖房子？所以老板要懂得珍惜基层员工。基层员工坚守本分、任劳任怨、踏踏实实，企业才会做好做大。

一种是有德中才的人，相当于中层储备干部。这样的人，100个人中只有20个左右。我们可以通过培训，让有德平才的人成为有德中才的人。有德中才的人很正直，懂得外圆内方。

一种是有德将才的人，相当于高层接班人才。这种人，就是打死不走的人。

从表3-3中可以看出，对有德平才的人来说，道德修养与战术技能是最基本的要求。有德平才的人要想上升为有德中才的人，就必须能够教导别人，有战略思维。心目中有别人，也是选择干部的基本标准。心目中有公司的人，我们才能栽培他。很多干部业绩好就觉得是自己了不起，事实上，他们没有意识到自己业绩好是因为公司的机构价值，公司有价值才好做事，并不是因为他们的个人能力有多强。而有德将才的人，既要能忍辱负重，也要能扮黑脸。

表3-3 德才兼备的三种人才层级

顺位	德才分类	道德（人）（态度）	才能（事）（效能）
第一	有德将才	忍辱负重（永不叛变）	能扮黑脸（上下圆满）
第二	有德中才	心中有别人（勿公然顶撞）	战略思维（教导应变）
第三	有德平才	道德修养（心安理得）	战术技能（作业速度）

那么，我们该如何洞察部属的潜能？又该如何对部属进行培训？

《中庸》中有一句话："天命之谓性，率性之谓道，修道之谓教。""天命之谓性"，天命赋予我们的自然禀赋就是"性"，即天分。"率性之谓道"，遵循着我们的天性而行事便是人生大道，也可以说是自然大道。做事有"道"，才能成就志业。"修道之谓教"，按照"道"的原则来修行叫作"教"，也就是教育。

可见，教育排在第三顺位，第一顺位是了解部属的天性，即部属这辈子适合做什么。每个人都有他的天分。人才是有专长的，不是万能的，所以我们在栽培部属时，首先要考虑他有没有相应的专长，是否具有潜能。一般来说，我们可以根据表3-4中所列三点来判断。

表3-4 洞察部属的潜在能力

《中庸》	天命之谓性	率性之谓道	修道之谓教
重点	天性（天分）	志业（性向）	教育（培训）

●不教而会：不用教，就很有心得
●久学不厌：虽然遇到挫折，却能屡败屡战
●能有创见：对事物常有与众不同的想法

《中庸》：天命之谓性，率性之谓道，修道之谓教
【说明】天才等于99%的努力+1%的天分
【案例】奥运10多枚游泳金牌获得者：迈克尔·菲尔普斯

第一，不教而会。

对某事物不教而会的都是极具天赋的人。别人要学很久才会，他一下子就会了。所以，我们在培养部属的时候，要懂得发挥他的天性，而不是光靠教育。他这辈子想走什么路，他有没有这个天性？他有天性，不用教，他也会很有心得。天才等于99%的努力+1%的天分，不是努力就能成天才的，还在于是否有那1%的天分。

第二，久学不厌。

别人早就累了，他不会累。迈克尔·菲尔普斯，这位在2008

年北京奥运会上书写传奇的运动员,小时候因多动症影响到了学习,让妈妈很操心。没想到,菲尔普斯在游泳池中展露了自己的才华。美国著名游泳教练鲍曼第一眼看见他游泳时就称赞他有着"无人能及的水感"。一般来说,有天分的人久学不厌。人家游一两个来回就会觉得很累,菲尔普斯游两三个小时都不会累。他憎恨失败,因而他每天要在游泳池中游上12公里,训练很刻苦。

第三,能有创见。

一个人会不会累,标准不在于他花了多少时间,而在于他做了多少事。一个人做自己喜欢做的事,会觉得累吗?不但不会觉得累,反而会越做越有精神,会觉得好得意,好有成就感。更重要的是,他对事物常会产生与众不同的想法。

所以,**教育不是重点,重点是先了解部属的天性,遵循着他的天性去做,让他发挥最大的潜能。这样,他才能成为合格的干部。**

孟子说:"是不为也,非不能也。"我们也要了解,部属是不会做,还是不愿意做。大家都很熟悉这句话,"我不是不会做,而是不愿意做而已"。可见,意愿比较重要。从表3-5中可以看出,当部属有能力没有意愿的时候,他不肯做、不敢做,我们一点办法都没有,就算他有经验也没用。有意愿又有能力的人,才可能发挥他的潜能。还有一种人,有意愿但没能力,这种人是我们培训的重点,培训好了,也是能发挥最大潜能的。所以要想让部属发挥潜能,首先得让他有意愿才行。

表 3-5　分析部属是否有潜能

层次	为（意愿）	能（才能）	潜能
第一流	有	有	有
第二流	有	无	有
第三流	无 （不肯：有经验） （不敢：没经验）	有	?

《孟子·梁惠王篇》：是不为也，非不能也

我们又该怎样确定部属是否有意愿，其意愿能否持续并发挥部属个人价值？见表 3-6。

心态是关键因素。部属在不同阶段，会有不同的心态。

首先是职业心态。一般来说，刚参加工作的年轻人拥有的是职业心态，很重视收入。有人说，重视收入的人没有什么前途。其实未必，作为基层员工，重视收入是可以理解的，如果连温饱都解决不了，对工作还会有热情吗？

其次是事业心态。一个人之所以能成为中坚干部抑或高阶领导，就是因为他有事业心态，如果只有职业心态，是成就不了事业的。所以，一个人如果永远只有职业心态，永远只在意薪水的高低，是无法成长的。

表3-6 要有满怀热情的工作态度

心态	在意收入	工作热情	合作性质	备注
志业心态	×	√√	未来（长久）	退休后下班后
事业心态	√	√	现在（尚可）	一年内
职业心态	√√	×	过去（一时）	一月内

【人生是阶段性的调整：态度决定人生高度】
职业心态→事业心态→志业心态

我的一个朋友，他的学长大多是人力中介公司的大老板，专门做人力派遣。他对其中一个学长说："你帮我找一份工作吧？"

学长说："你把简历发给我看看。"

于是，他把简历发给了学长。

学长一看，说："你最好不要找我，即使我再有经验也帮不了你。"

他说："学长，你就帮帮忙吧。"

学长说："不是我不帮你忙，你5年内换50份工作，我怎么帮？"

人生是阶段性的调整，刚开始为学不固、不执着是很好的，但一直这样的话就不好了。比如，30岁以前一直找工作还可以理解，30岁以后还这样的话就难以理解了。一般来说，30岁以后要择善固执，具备事业心态，变得没那么在意收入。这时在意的应该是这个工作有没有发展前途。如果有发展前途，看得到愿景，半年内，甚至一年内亏损也没关系，因为投入终会有产出。

最后是志业心态。志业心态，也就是工作的热情，是做好工作的决定性因素。老板的业绩为什么比较好？老板的收入为什么比较高？不是他运气好，而是他比谁都认真。一般员工下班以后绝对不再想公司的事，老板不一样，老板眼睛一睁开就在想公司的事了。

有的年轻人，从刚工作的时候就注定会跟别人产生天壤之别，因为他总想浑水摸鱼，一天工作8小时，认真不了5小时。而有的年轻人，上班很积极，下班也在想公司的事，一有时间就扑在工作上。同样是30岁，后者已经有60岁的经验，前者可能还不具备30岁的经验。当然，我们不是要求每个人都成为工作狂人，做这个对比，是想让大家看到工作热情的重要性。

那么，我们该如何洞察部属是否有工作热情呢？志业是什么意思？志业是一个人长久要走的一条路。简单地说，退休后还想做的职业或一辈子都想做的职业就是志业。部属的职业也是他的志业，有志业心态，自然就会表现出最大的工作热情。

除了挖掘部属的潜能，我们还要培训教导人才。未来的企业中，业务人才很重要，教导人才更重要。见表3-7。

表 3-7 人才价值的判断

能力	对象	方式	方向	意义	管理	组织
经历（成就）	他人	给问题（用心）	输出（目的）	智慧	用人	领导者
学历	个人	给答案（努力）	输入（手段）	知识	做事	员工
《道德经》：学习日益，为道日损。损之又损，以至于无为 《庄子》：吾生也有涯，而知也无涯。以有涯学无涯，殆矣						

你不能说"我是管财务的，我也想替公司省钱，没乱花公司的钱"，因为就算再省钱，花了的钱对公司来说也都是成本。企业重视的不是花钱不花钱的问题，而是定位在哪里。除了业务的定位，开源最重要，其次才是节流，这就需要有教导力。为什么教导力很重要？因为处理一件事情，有教导力和没教导力有着天壤之别。比如沟通一件事情，面对 50 个人，没有教导力的人，要说 50 遍；有教导力的人，一次解决。

授人以鱼，不如授人以渔，所以在团队经营中要重视培训有教导力的人。中国人比较重视培训别人。我们来看个例子。父母如果对孩子说："我对你很好，你要孝顺我。"孩子会很反感："你有多好？你对我是很好，但是别人的父母对子女更好，他们大学一毕业就有小轿车，你能给我吗？"怎么比都比不完。中国人很清楚，好或不好不要自己说出来，自己说没用，一定要善用第三者。中国古代伟大的教育家孟子为什么提倡"易子而教"？就是因为第三者说的话，孩子更容易听得进去。

善用第三者的教导，组织才容易形成好的气氛。父母发现自己怎么说孩子都听不进去的时候，不妨让亲朋好友来帮忙沟通，效果会不错。比如小明的爸爸就找了个叔叔来当帮手，叔叔对小明说："你要听话，对你爸爸好一点。"小明说："我为什么要对爸爸好一点？"叔叔说："我很少看到有像你爸爸这样愿意听孩子意见的。"小明一听也就相信了。可见，第三者的教导是很有用的。

> 妈妈看女儿涂口红就骂："别乱涂口红！"
>
> 女儿心里觉得好笑："你自己涂就不叫乱涂，我涂就叫乱涂，我就涂给你看。"妈妈只有生气的份儿。
>
> 妈妈如果善用第三者，会私底下跟爸爸说："女儿一直乱涂口红，不知道怎么办。"然后跟爸爸联合演出一场戏。在吃饭的时候，爸爸自然而然地说："你知不知道巷子口的小美？"
>
> 妈妈装作不知道的样子，说："哪个小美？"
>
> 爸爸说："四岁左右，我们下班回来经常礼貌地跟我们打招呼的一个小女孩。"
>
> 妈妈俨然一副回忆起来的样子，说："是哦。"
>
> 爸爸说："你知不知道她最近做手术了？"
>
> 妈妈惊讶地问："啊？这么小就做手术，为什么？"
>
> 爸爸说："因为她乱涂口红。小孩是不能乱涂口

红的。"

爸爸妈妈的对话,女儿听了进去,并主动把口红还给了妈妈。

中国人用人把教导力排在第一顺位。在管理中,有教导力的人更会用人,才能成为领导者。学习的重点是要会运用,所以输入什么不重要,输出什么才重要。我们一直强调,智慧比知识重要。那么,人才的价值是什么?如果把学历当成分母,把经历或成就当成分子,人才的价值在这个分数值的大小中就体现出来了。台塑集团创始人王永庆先生的事业做那么大,如果学历是博士,那我们也许觉得没什么,可能会认为他的事业本来就应该做那么大。王永庆先生之所以让人佩服,是因为他事业做得很大,学历却不高。

在培训人才的时候,我们要有阶级性的判断,最好一步一步精进。怎么精进?也就是分为学、用、熟、精、通五个阶段。见表3-8。

第一,学。学习的态度很重要。企业虽然不是学校,但员工不会的时候,也得教他。

第二,用。让员工在反复练习中,从不会到会。"学而时习之,不亦说(悦)乎",从不知道到知道的过程是很快乐的。

第三,熟。用不是重点,还要确定熟不熟。什么是熟?就是滚瓜烂熟、熟能生巧,能够达到一定的标准,甚至可以跟人分享,能够教人，但应变能力还差一点。

表3-8 人才学习等级差异的重点说明

等级	现状	品质（标准）	应变能力	跨行业	要点说明
通	会	√	√	√	●会通整合 ●持经达权
精	会	√	√	×	●行业第一 ●闭眼都会
熟	会	√	×	×	●熟能生巧 ●滚瓜烂熟
用	会	×	×	×	●反复练习 ●已有心得
学	不会	×	×	×	●学习态度 ●屡败屡战

第四，精。已经成为行业中的第一，闭眼都会做，具备一定的应变能力。

第五，通。会通整合，持经达权。品质上去了，应变能力也上去了，是通才型的人才，就算跨行业也没问题。

另外，有三类必备能力的培训不容忽视，见表3-9。

表3-9 一流人才必备能力分析

	调和能力	自学能力	专业能力
能力依据	●以和为贵 ●先人后事	●化繁为简 ●执简驭繁	●学历证书 ●应对态度

续表

	调和能力	自学能力	专业能力
年龄	30 岁后	活到老，学到老	20～30 岁
标准	艺术	责任	技术

第一类是专业能力的训练。基层员工可以用专业能力去要求。

第二类是自学能力的训练。基层员工想升为中坚干部，关键在自学能力。从某种意义上说，自学能力就是化繁为简、执简驭繁的能力。

第三类是调和能力的训练。对总经理，仅用专业能力来要求行吗？如果这样的话，大部分人都能当总经理了。总经理需要调和鼎鼐，处理人与事的问题，调和能力要很强，这仅有技术是不行的，还需要有艺术。

什么东西都可以跟西方人学，但最好要了解适合中国人的三个特殊性：领导、激励、沟通。为什么？因为这三个特殊性用四个字就可以概括：随需而变。重点在对方，而不是自己。所以，我们必须多花点心思在人的部分。学会用人很重要。人用对了，就什么事情都会对；人用错了，就什么事情都错了。

很多企业领导这样抱怨："我这几个左右手，专业能力绝对没有问题，可问题是所有人都被他得罪了，我也不知道还能再分配他什么工作了。我本来要好好栽培他的，没有办法，他把人都得罪了，我怎么栽培他呢？"

可见，专业能力强，并不代表调和能力强。调和能力不行，动不动就摆架子，专业能力再强也没用。未来受到重用的人，越是高层，越要有调和能力。

自我学习心得笔记

_____
_____
_____
_____
_____
_____
_____

02 有效领导铸就团队精神

中国人最在乎的是你心中有他,只要你关心他,他心里就会不好意思,就会非常配合,"投我以桃,报之以李",与你紧密团结在一起。

对部属要能先紧后松

● 问题：

如果你是领导者，从任用部属到慢慢与他熟识，你对他要求的松紧程度该如何拿捏？见表3-10。

表3-10 典型问题及处理办法

问题	如果你是领导者，从任用部属到慢慢与他熟识，你对他要求的松紧程度该如何拿捏
办法	阳刚：不断给予其压力，所以很严格
	阴柔：开始因不熟不好给太大压力，所以较宽松
	和谐：开始必须严格要求，达成标准才能放松
【注】先松后紧，让人觉得无情 / 先紧后松，才会让人感恩	

一直很严格，不断给予部属压力可不可以？不可以。不能用阳刚的方式压迫到底，一直很严格的话，部属一旦承受不住压力，情绪爆发就不好收拾了。

严格对待不行，那么宽松对待可不可以？一直很宽松的话，部属就没压力，不长进。所以应该严格与宽松结合才行，但还要注意是先紧后松，还是先松后紧。如果原则性的方向弄错了，方法再对也没用。比如一艘船，当不确定航行方向的时候，顺风也没多大意义。

有位爸爸跟我说："老师，孩子小的时候，我总觉得孩子很可爱，犯错也无所谓，干吗要教育他？等孩子长大读中学，跟我一样高了，有一天我发现他还错下去的时候直接伸手去打他，结果他抓住我的手，问我要干什么。"

我说："你是怎么回答的呢？"

他说："我很气愤，说就是要打他。结果我儿子居然说，现在他跟我一样高了，我打他的话说不定最后倒在地上的是我，这叫我情何以堪！"

等孩子"翅膀硬了"再施压，就难以有好的效果了。所以，教育孩子开始一定要严格，但是达成标准后就要放松。如果一直严格，从某种意义上说就相当于虐待了。

在管理中，我们也要有先紧后松的观念，开始必须严格要求，达成标准后才可适当慢慢放松。什么东西都在变，只有人性是不会变的。**先松后紧，让人觉得无情无义；先紧后松，才会让人感恩。**

试用期对员工很宽松，员工有事没事迟到早退也没关系，正式录用后却严格要求他准时出勤，他内心的落差会很大：现在给我来硬的，我不想做了。结果白白浪费三个月试用期的薪酬成本不说，还落得"无情无义"的骂名。

而如果试用期对员工很严格，要求他准时出勤，正式录用后反而放宽要求，遇到急事可以请假，那员工肯定会踏踏实实地工作下去。最重要的是，他会满怀感恩。

总的来说，领导者对部属要求的松紧程度的拿捏，无外乎四种组合：先紧后松、一直很紧、先松后紧、一直很松。见表3-11。

表3-11　领导者对部属松紧程度的拿捏

顺位	初期	后期	重点说明
第一	紧	松	●开始严格是为了测试部属是否能做好 ●一旦做好再放松，让人感恩领导教导
第二	紧	紧	●短期内的严格，部属也许能适应 ●一旦承受不住压力，会一发不可收拾
第三	松	紧	●使部属错觉未来工作也如此轻松 ●让部属觉得领导无情无义，存心整他
第四	松	松	●使部属越来越没纪律，造成指挥不灵 ●请神容易送神难，造成不当的支出成本

领导对部属要求不能一直很松，否则就是不负责任。现在，很多领导容易走进这个误区，判断错误，于是好心办了坏事。一

直很松，会让部属越来越没有纪律，造成指挥不灵，甚至陷入"请神容易送神难"的困局，造成不当的支出成本。

先松后紧的话，会让部属以为未来工作也如此轻松，一旦开始对他严格要求，他就会觉得领导无情无义，存心整他，"为什么不早说，你严格要求的话我也可以配合的"。部属不但不感谢领导，还会责怪领导，这种情况是领导自己造成的。

一直严格要求也不可以。初期短时间的严格，部属也许能适应，但后期也一直严格要求的话，部属一旦承受不住压力，很可能一发不可收拾。有这样的案例，爸爸妈妈对儿子太严厉，有一天儿子终于读到了医学博士，很了不起，但是当爸爸妈妈去参加儿子的毕业典礼的时候，他们看到的是儿子留下的一封信："爸爸妈妈，以前我都是为你们而活，而且我按照你们的意愿拿到了医学博士学位，我的命现在还给你们……"

企业管理和教育子女一样，都适用浇花的哲理，花是自己生长的，不是我们浇它一次就能开花的，我们要让它自己自然生长，不能让它压力太大。我们要懂得先紧后松，开始严格是为了测试部属是否能做好，等部属做得很好后我们再放松，部属会很感谢我们，我们的管理也会更轻松愉快。

> 我的一个胖胖的学员说："老师，我以前不了解人性，很吃亏。"
>
> 我问道："怎么会吃亏？"

他说:"我这么胖,坐公交车要占一个半座位,坐火车的话,也难免会超过座位界线,坐到人家的座位上去,我也很头痛。"

我说:"是比较头痛。"

他说:"以前我不好意思太过分,一开始总是想办法缩在一个座位内,不敢越界,但是由于我太胖,总是坐着坐着就会挤到邻座的人,反而被人家骂:死胖子,你不要太过分了!现在我懂人性了,结果完全不一样了。"

我说:"怎么不一样了?"

他笑道:"每次我都先坐一个半座位,邻座的人看我胖只好自认倒霉,一般不会说什么,之后我再慢慢地把屁股缩回来一点,邻座的人居然对我说谢谢,还说我太仁慈了。这就是懂得人性与不懂人性的差别。"

我们不是要大家霸道行事,也不是告诉大家"性本恶",而是为了从另一个角度说明"先紧后松"是很有道理的。

自我学习心得笔记

长期有效的用人之道

● 问题:

遇到部属发生意外事故,并向你报告人、事、物的状况,你第一时间会如何处理?见表 3-12。

表 3-12 典型问题及处理办法

问题	遇到部属发生意外事故,并向你报告人、事、物的状况,你第一时间会如何处理
办法	阳刚:表示自己公正无私,必先问事、物的状况
	阴柔:不问人的状况,也不管事、物的状况
	和谐:优先关心人的状况,事、物的状况事后追究
【注】先人后事 / 先处理心情再处理事情 / 部属不是工具	

遇到这样的情况该怎么处理?如果马上问事、物的状况,那就糟糕了。

说一个发生在我身上的例子。我年轻的时候,总觉得做什么事情都要公正无私。有一次，部属开着公司的货车去送货，说好当日下午5点前送到客户那边，结果4点半他打电话回来说还在路途中，要两三个小时才能到。我一听就很生气，说："你怎么搞的？"他说："我出车祸了。"我马上问："那货车怎样了？"他说："货车怎样我不知道，但是死人了。"

"货车怎样我不知道，但是死人了"，这句话我至今印象深刻，事后我也经常问自己还有没有良心，部属都出车祸了，我却不管人怎样，只在意车。我试着站在部属的角度，换作自己遇到这样的领导，也会寒心。

那么，不问人的状况，也不问事、物的状况呢？这样一声不吭，似乎更冷血。部属是绝不容许人家把他当作工具的。但是，现在的管理往往把部属当工具看，弄得他们离心离德。

后来我懂了，遇到事情，一定要优先关心人的状况，事、物的状况事后再了解也不迟。再听到员工有什么意外，我的第一句话通常是："人怎么样？只要人没事，什么事情都好解决。"这样做以后，事情处理起来顺利多了。记得有次部属居然对我说："等车修好后，就算迟到我也会想办法把货送到的，您放心吧。"

中国人天不怕地不怕，就怕人家的关心。只要你关心他，他心里就会不好意思，就会非常配合。"投我以桃，报之以李"，领导关心部属，部属得到尊重，自然会提高工作积极性来回报领导。

我们应该有"先人后事"的观念，先处理心情再处理事情。见图3-3。但现在很多领导都只有这样的错误认识，觉得要公正，应该先事后人。这是偏离人的情感需求的。**中国人是关怀导向，不是任务导向**。什么东西最危险？就是人的心。人的心永远是变化的，所以《尚书》中说"人心惟危，道心惟微"。

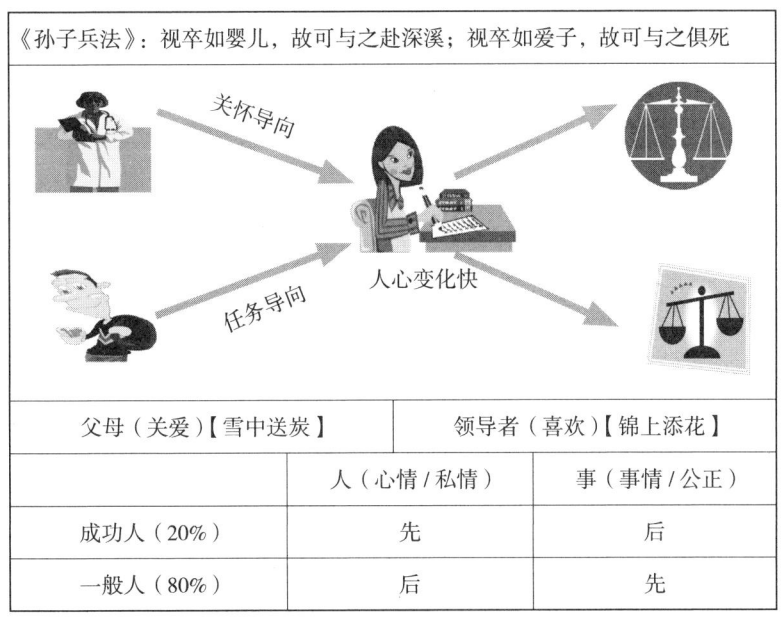

图3-3　先处理心情，再处理事情

人心善变，在这种情况下，我们只有关怀部属，才能让部属配合我们。发号施令是最倒霉的，因为没有好的效果。部属明明还想做的，结果我们一命令，他就没有做的心了，因为他很寒心。"你这种老板只关心事情，都不关心我的安危。我看就算我拼命干活累死了，你也不会在意。"

《孙子兵法》中讲："视卒如婴儿，故可与之赴深溪；视卒如爱子,故可与之俱死。"我们把部属当作自己的亲人,部属才会拼命付出。

成功的人为什么是少数?因为懂得先处理心情再处理事情的人并不多。先处理心情再处理事情,体现了我们中国人的民族性。懂得这一点,就轻松愉快;不懂这一点,常常讲错话,每天都在浪费成本,一件错事一年发生一百次……是我们不努力吗?不是,这跟努力没关系,是我们没有把握好中国人的民族性。

● 问题:

如果你是领导者,有件重物急需搬运给客户,刚好碰上一个部属,不过部属的手受伤绑着绷带,你要如何妥善处理?见表3-13。

表3-13 典型问题及处理办法

问题	如果你是领导者,有件重物急需搬运给客户,刚好碰上一个部属,不过部属的手受伤绑着绷带,你要如何妥善处理
办法	阳刚:为求效率,立刻叫部属过来帮忙
	阴柔:不好意思麻烦部属,只好自己操劳
	和谐:关心部属受伤,请他休息,部属反而想帮忙
【管理要先人后事】先处理心情,再处理事情(抓人要先抓心)	

为了求效率,一看见部属就直接叫他过来帮忙,那你就完蛋了。也许你并没注意到部属手上的绷带,但部属不会这么想,他

只会觉得你没良心:"眼睛长到哪儿去了,没看到我手上绑着绷带吗?还让我搬东西,真是一点同情心都没有。"最糟糕的是,所有员工都会同情他,不会同情你,你从此不再是他们心中的好领导。

好领导完全不一样,让部属过来帮忙,发现他手上绑着绷带,马上问:"你的手怎么了?刚才没注意到,还叫你来帮忙,真是过意不去。"你问部属手怎么了,他会觉得你特别关心他。他很高兴,自然就会把手放到背后去,说:"没事,小伤而已。"你这时候说:"小伤也是伤,你好好休息,我自己搬就可以了。"部属反而会说:"没关系,一起搬吧。"

如果领导看到部属受伤,不好意思麻烦部属,那就只好自己操劳了。如果物品轻,一个人可以搬动的话还行;如果物品重,一个人搞不定,最好委婉地请部属帮忙。

西方的管理是抓人,中国的管理是抓心。管理中国人,首先就要抓心,抓不住心,所谓的管理是完全无效的。见图3-4。

用人要注意一个字——心。用人要懂得心法。首先,领导要关心部属。什么叫关心?关心就是要把对方的心关起来,那他整个人就跑不掉了。**部属得到领导的关心,就会开心,才会跟领导交心、绑心。让部属开心的前提是要关心他,领导关心,部属开心,这"一开一关"就是心法的奥秘。**

部属不开心,就不会跟领导交心、绑心,什么事在他那儿都行不通。比如发现员工迟到,领导如果说"你迟到了,你给我注意,以后不能再迟到了",就糟糕了。后来他是不敢迟到了,但是会实行"三不"政策：第一，不迟到；第二，不早退；第三，不工作。他为什么不工作？就是因为领导让他很不高兴。这时领导如果说"迟到还有理由不工作了？怎么成了这个样子？想做就做，不想做就走"，那就更糟糕了。凡是喜欢说"想做就做，不想做就走"的老板，最后公司里好的人都走掉了，留下来的全是走不掉的人。

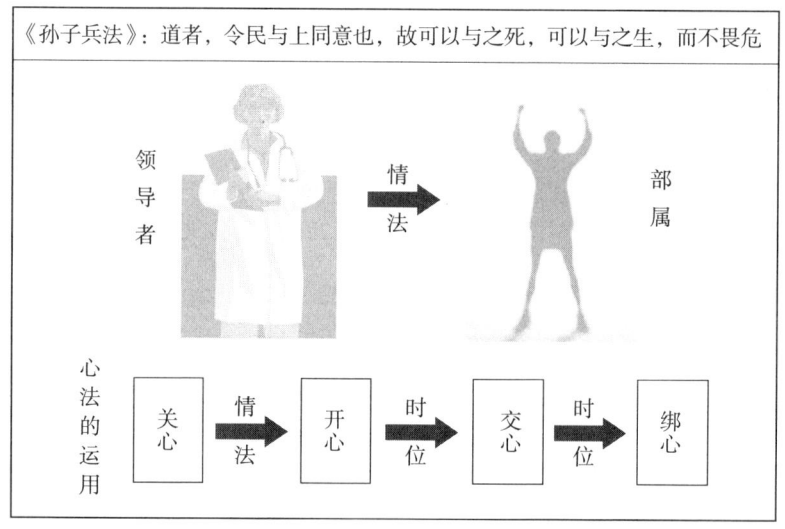

图3-4　长期有效的用人之道

中国人最在乎的是你关心他，你心中有他。你心中有他，就表示你把心交给了他，那么他也会把心交给你，整颗心与你绑在一起。所以，领导要懂得关心部属。古人说"士为知己者死，女为悦己者容"，是有原因的。

自我学习心得笔记

领导步骤与有效汇报

如何有效领导部属呢？有三个步骤可供参考。见表3-14。

表3-14 领导部属有三大重要步骤

三大步骤	重点	重点说明
扭转乾坤	抱定不与部属争功的心态	●全力支持部属（你做事，我放心） ●树干不与树叶争绿，懂得以让代争
邀请参与	部属不敢参与，要使他具有信心	●请他记录或录音 ●请他代表发言或提出方案 ●请他整理资料或邀约有关人员 ●请他模拟状况并提供对策 ●请他办理或协助有关事宜
约法三章	规定不能太多，简单而具体最有效	●凡事第一次做，带着腹案来请示，不可以空着脑袋来请示 ●凡事第二次做，把第一次的结果检讨一番，加以改善，务求做得更合理 ●非直属上司交办事宜，须向直属上司报告，否则后果自负

第一，懂得扭转乾坤。

扭转乾坤是什么意思？我们要懂得说这样的话，"你做事，我放心"，或者"你放手去做，我会支持你"，全力支持部属。一般组织，大多采取金字塔形的结构，由上而下，一个管两个，两个管四个，四个管八个，老板高高在上，依职能分成若干部门，然后向下发展，把基层员工压在最底下，好像一串"粽子"。

这一串"粽子"，只要老板用手提住，其他"粽子"动不动都一样，而且还不能过分地动，否则就有断线脱落的危险。这种粽子式的组织固然控制紧密，却不能激发员工的积极性，大家滥竽充数、浑水摸鱼，过一天是一天，不知道"为什么要这么做"，也不知道"怎样做下去"，一点干劲都没有。

扭转乾坤，要把组织整个颠倒过来变成树状组织。也就是，把老板放在最根本的地方，发挥"树根"的功能；中坚干部构成"树干"部分；最上面的"树叶"才是基层员工。树叶绿油油的，容易受到注意，树干不与树叶争绿，所以中坚干部要懂得以让代争。

第二，邀请部属参与。

我们要让部属，尤其左右手多帮忙。比如，本来是我们主持会议，我们不妨对部属说"今天你来主持吧，你肯定可以做得更好"。部属自己主持，才能体会到原来主持也要如此深厚的功力，自然会佩服我们。如果我们总是霸着舞台不放，部属不会体谅我们，心想："每次都讲那些，干脆放录音好了。"所以，邀请部属参与，请他代表发言，请他提方案，请他记录或录音，请他整理资料，请他代理或协助相关事宜，等等，不仅会让他体会到其中的艰难，也能增强他的信心。

《三国演义》《西游记》《水浒传》这三本书有一个共同点，就是书中统率群雄的老大，在平常人看来都没有什么能力，却带领着一帮很厉害的人。《三国演义》中，诸葛亮那么聪明，关羽、张飞武艺高强，他们都是由刘备带领的。一群能干的人甘愿被不能干的人带领，最重要的是，刘备不仅能够用比他能干的人，而且他的人永不叛变，足见他的用人功夫之高。

部属最在意的是自己能否拥有舞台。刘备为什么能用诸葛亮？刘备用诸葛亮后，把丞相印交给了他，张飞、关羽很生气："大哥的话我们会听，你的话我们凭什么听？"很多人说刘备很笨，三顾茅庐请诸葛亮，请一次还不够，还要请三次，浪费时间。刘备干吗去请一个还没出名、没实际战功的人？刘备不笨，其实他是最懂得投资回报率的。诸葛亮27岁就出来帮他的忙，一直做到54岁，27年，诸葛亮鞠躬尽瘁。三顾茅庐，刘备拜访一次赚9年，这个功夫很了不起。

第三，与部属约法三章。

我们还要与部属约法三章：凡事第一次做，要带着腹案来请示；凡事第二次做，要把第一次的结果检讨一番并加以改善，务求做得更合理；不是直属领导交办的事，要跟直属领导汇报，否则后果自负。

其实，关于汇报这件事，大多数部属很头痛，因为领导经常责怪他们"该汇报的不汇报，不该汇报的乱汇报"。到底如何有效汇报呢？简单来说，根据事务的轻重缓急、责任的轻或重，部属向领导汇报分为三种情况：先汇报后做、先做后汇报、边做边汇报。这三种情况又该如何辨别？见表3-15。

表3-15 部属如何向领导者汇报

汇报方式	事务性质		责任轻重		原则范例
	重要	紧急	领导	部属	
先汇报后做	√	×	重	轻	●突发例外案例 ●重大经费事件
先做后汇报	×	√	轻	重	●过去例行事件 ●微小经费事件
边做边汇报	√	√	重	重	●重大意外事故 ●动态发展事件

●领导授权哲学：任何权都可授予部属，唯有裁决权不能授
●轻松领导哲学：不要大小事都管，却要大小事都知
●部属权责运作：先要权者常不尽责，先尽责者等同有实权

第一，先汇报后做。

遇到突发重要事件，或需要重大经费事件，且以前没处理过类似事件的时候，部属一定要先向领导汇报才能着手去做。

我的一个朋友是采购经理，我对他说："你薪水才几千块钱，待遇其实不是很高，为什么还愿意做这个，不换一个收入更高的工作？"他说："不用，我私底下收入很高。"我说："私底下能有什么收入呢？"他说："回扣多。比如我采购的东西，有五六个厂商

竞争，谁给我的回扣多，我就选哪家。"为什么会这样？是领导自己造成的。关于重大经费事件，绝不容许部属先做后汇报，一定要先汇报再做。

第二，先做后汇报。

遇到很紧急的例行性事件，或者经费微小事件，部属觉得重要，但对领导来说不一定重要的时候先做后汇报。

比如部属家里有事，急需请假一两天，经理把假条丢在一边，说："我知道你有事，不过领导不在，我没办法批你的假，你还是等领导回来吧。"领导不能大小事都管，部属请一两天假，经理完全可以先做后汇报。

第三，边做边汇报。

遇到重大意外事故，或者动态发展事件，部属应随时跟领导汇报。

比如公司失火了，没有经过训练的干部马上打电话给老板："老板，公司发生了火灾，要不要请消防队来？"老板肯定会觉得这样的干部无药可救："这种事还要问，够笨的。"遇到火灾，好干部的处理方式不一样，先打119，然后向老板汇报："老板，公司失火了，不过您放心，消防队已经来了，我随时向您报告最新情况。"

西方管理强调做事，会做事就好。对中国人来说，管理可没这么简单，会布局，会造势，才能摆平问题。在企业中，危机不可避免，危机出现时如何很好地进行处理？这就需要领导知人善任，预先建好班底，才能和谐应对，圆满解决。

规划、执行、考核，管理中每个阶段都需要干部协调，所以领导要懂得授权，但不是什么权都是可以授的，比如裁决权，一定要抓在自己的手里。领导不要大小事都管，大小事永远也管不完；但要大小事都知，留意一切风吹草动。如何才能大小事都知？这就需要训练部属学会汇报、主动汇报。

那么，我们希望的领导方式是怎样的？领导方式又该产生怎样的效能才好？见表3-16。

表3-16 领导方式的效益分析

	领导方式	整顿方式	造成结果	控制	效益	态度
德治	道之以德（道德教化）	齐之以礼（礼遇他）	有耻且格（主动守法）	自律	长期	积极
法治	道之以政（法制禁令）	齐之以刑（处罚他）	民免而无耻（被动守法）	他律	短期	消极
《论语·为政篇》：道之以政，齐之以刑，民免而无耻；道之以德，齐之以礼，有耻且格						

《论语·为政篇》中讲："道之以政，齐之以刑，民免而无耻；道之以德，齐之以礼，有耻且格。"这句话中包含了法治与德治。企业中少不了法治，每个企业都应该有基本制度来规范员工的行为。但是，一味地强调法治，就会"民免而无耻"，所以更应该重视德治。

人最可贵的是自律，懂得主动守法。这种人态度积极，而且是长期积极的。但很多人没有这样的观念，以为被动的人更能占到便宜。事实上，一个人一定要有制度规定才会认真做事，最多是60分的格局，只能做一般员工。因为规定业绩不好要处罚才认真对待工作的人，能有什么大作为？

"我做得好不是因为公司有绩效考核，而是我要对自己负责"，这种人有高度自律的格局，老板当然会重用，也才会成为中坚干部。况且，根据中国人的民族性，威逼、利诱都是一时的，要让他主动遵守规则才行，所以自律才是重点。

自我学习心得笔记

03 正确激励提升工作业绩

别人说我们好,我们很高兴,这是一种激励;别人说我们不好,我们也高兴,因为这样我们才知道自己的缺点,这也是一种激励。能这么想,就到处有激励,工作起来也更有干劲。

自我激励是最好的激励

美国管理理论家赫茨伯格提出了著名的双因素理论,认为引起人们工作动机的因素主要有两个:一是保健因素,二是激励因素。只有激励因素才能够给人们带来满意感,而保健因素只能消除人们的不满,不会带来满意感。见图3-5。

	因素	部属态度	特性说明
【保健(维持)因素】	激励(内在)(积极性)(多给的)(中高层)	满意/没有满意	●尊重、自我实现需求 ●得到满足时会满意 ●得不到满足时不会不满意(如赞赏、晋升、教育)
【激励(满足)因素】	维持(外在)(消极性)(应该的)(中基层)	不满意/没有不满意	●生理、安全、社会需求 ●得不到满足时不满意 ●得到满足时不会满意(如福利、保险、薪酬)

图3-5 激励要善用双因素理论

保健因素是指造成员工不满的因素，包括管理措施、人际关系、保险、薪酬、福利等。保健因素得不到满足，或恶化到员工认为可以接受的水平以下时，易使员工产生不满情绪、消极怠工，甚至引起罢工等对抗行为；但保健因素在得到一定程度的改善之后，无论再如何改善，也只是消除了不满意，员工觉得是应该的，难以感到满意并激发工作积极性。这就形成了某种既不是满意，又不是不满意的中性状态。所以，就保健因素来说，"不满意"的对立面应该是"没有不满意"。

激励因素是指能让员工感到满意的因素，即能满足个人自我实现需要的因素，包括赏识、晋升、教育以及成长和发展的机会等。这类因素的改善，或者使这类需要得到满足，往往让员工觉得这是多给的，能对员工产生更大的激励，让员工有满意感，有利于充分、持久地调动工作积极性；即使不具备这些因素和条件，也不会引起员工太大的不满。所以，就激励因素来说，"满意"的对立面应该是"没有满意"。

不过，由于每个企业情况不同，激励因素和保健因素有着重叠现象。比如，晋升属于激励因素，有着积极作用；但是当员工没有得到晋升时，可能会产生消极作用，这时则表现为保健因素。再如，福利是保健因素，有时却也能产生让员工满意的结果。但总的来看，激励因素是内在的，保健因素是外在的。

在管理中，不应忽视保健因素，如果保健性的管理措施做得很差，就会导致员工产生不满情绪，影响工作效率的提升。比如伤口，虽然伤口愈合了不会让我们觉得满足，但它的存在本身就让我们不高兴，如果伤口继续恶化，就会使我们情绪更差、更消极。真正激励人的是内在因素，尊重员工，"道之以德，齐之以礼"才能很好地调动员工的积极性。

当然，激励与每个人的观念有密切关系，真正的激励会促使每个人去好好地调整自己的观念。一般来说，观念有上、中、下三个层次。

经常听到有人抱怨企业没有激励，我都不好意思对他说，他到处让人家激励，不是很被动吗？如果企业不激励，他就不努力，偏偏又碰到一些不激励他的人，那他一辈子就这样混过去吗？别人不激励就不努力，天天抱怨不公平，自暴自弃，这种人是很没出息的，是很悲哀的。我建议每个人都及早抛弃这种观念，以免害了自己，因为这种观念是下层的，是最不好的。

中层的观念，即会认知激励。**激励本来就是一种认知。同样一件事情，我们认为它是激励，它就是激励；我们认为它不是激励，它就不是激励**。比如，企业给你年终奖1万元，你觉得很感谢，那你就受到激励了；如果你觉得根本不够、不公平、被剥削了，那你就感受不到激励。所以，这1万元是不是激励，完全在于你自己怎么看。

不管别人怎么对待我们，我们都觉得是一种激励，这是很了不起的。我们要靠自己打破不公平，而不是抱怨不公平。换句话说，不管环境怎样恶劣，我们以平常心来对待发生在自己身上的不公平的事，最后一定会成功的。别人说我们好，我们很高兴，这是一种激励；别人说我们不好，我们也高兴，因为这样我们才知道自己的缺点，这也是一种激励。能这么想，就到处有激励，工作起来也更有干劲。

认知激励还只是中层的，还有一种更了不起的激励，就是自我激励。所谓自我激励，就是根本不用别人激励，自己会激励自己。这种人前途无量，对他来说条条都是大道，怎么走都行得通，这是上层观念。

在我看来，一个常常抱怨没有激励的人，会感觉物质性的东西不拿白不拿，你给他年终奖金他拿，但他很快就会忘了，因为他不会感谢。你如果不给他物质性的东西，只给他精神性的东西，他会觉得你不实在，只是嘴上讲得好听，他也就不愿意付出了。这种人其实是跟自己过不去，这一辈子可能就因为有这种观念而白白浪费了，就算有能力也没有表现的可能。

如果这个人改变观念，心存感谢，凡是正面的激励，就从正面去想："领导对我这么好，我也要好好工作来回报他。"如果是负面的刺激，他也会当作警示而努力把负的变成正的。所以，我们要改变自己的态度，学会自我激励，在肯定自己的过程中充分发挥自己的价值。

自我学习心得笔记

激励依层级有所分别

中国文化是阴阳文化，我们一方面希望员工自我激励，另一方面也希望各级领导要真正用心去激励，这样才能够相得益彰。不能完全要求员工自我激励，自己却放弃激励的工作。作为领导，我们一定要了解，很多自己认为是激励的东西，在员工看来却并不是激励。

有位总经理说："我们企业已经给员工优厚的待遇了，有年终奖金，平时福利很好，工作环境也好，从来不要求加班……这就是很好的激励。"这种观念是错误的。这些东西只是外在的，仅能够维持大家在这里工作，并不能提高大家的积极性，所以不是激励。

物质激励是不可或缺的，但物质激励不是关键，精神激励才是。我常常跟一些高阶主管说："公司每年给你的奖金有几百万元，你都不感谢领导吗？"对方说："为什么要感谢领导？我每年为公司创造上亿元的价值，这几百万元算什么？"物质有没有用是相对的，当员工年薪几千万元的时候，比较在意的反而是精神激励。

什么叫精神激励？

企业要有氛围。我们要营造积极融洽的氛围。比如依照员工的意愿给他一些具有挑战性的工作，他会觉得很有前途，感觉在这里工作不但愉快，而且大家都很积极，不是只有他一个人积极。如果在一个环境中，只有他一个人积极，那他会很害怕成为众人的目标而被孤立。如果大家都积极，他才会在和谐的环境中体会到老板对自己的礼遇。

给员工合适的名分。有的老板很吝啬，不会美化职称，经理就是经理，副经理就是副经理。不管在什么场合，为什么要一直强调人家是副经理？就算他真的是副经理，对外说他是经理，对内说他是副经理，又有什么关系呢？

肯定员工的地位。有人要离职了，老板说："你怎么可以辞职？你很重要，没有你，工作怎么开展得下去？"听了这种话，很多人觉得很泄气，心想："你为什么不早让我知道呢？早让我知道我就好好做了，现在我要辞职了才说都来不及了。"可见，地位受到肯定是一种激励。

信任与欣赏员工。激励本身就是对员工的一种信任，如果领导本身对员工都不信任，激励又从何而来？有时，信任和欣赏的力量远远超过金钱，因为它们让员工感到自己获得了尊重，能力得到了认可和赏识。每个员工都有实现个人价值的强烈愿望，领导信任与欣赏员工，正是对他们的最好激励。

有人说，拍员工肩膀、赞美员工，是很有用的激励方式。确实，有时候领导拍员工肩膀、赞美员工，会让员工觉得领导很重视他，所以会有一定的激励作用。但是，总是拍员工肩膀，总是赞美员工，也会适得其反。据说有这样一个参考数据，员工做得好，我们可以拍拍员工肩膀，但是不要超过10次。第11次的时候，我们还拍员工肩膀，他会说："每次都是拍拍肩膀就算了，那我还是不做了。"不要总是来虚的，适当的物质激励是必不可少的。

当然，不同的阶层，我们的激励也有不同的层次。相对来说，中基层人员比较在意物质激励，中高层人员比较重视精神激励。见图3-6。

	阶层	性质	场合	运作	需求层级
精神激励	中高层	精神（无形）	私下（个人）	无标准	●尊重 ●自我实现
物质激励	中基层	物质（有形）	公开（团体）	有标准	●生理 ●安全 ●社会

图3-6 激励要能依层级而有所不同

我常常建议老板，对于基层员工，要告诉他怎么做，明确工作规范，事先把标准定好，把细节说清楚，对他来说就是一种激励。比如做到什么标准可以拿多少奖金，他心里有数的话，就会很努力地去达成目标。如果跟基层员工打马虎眼，什么都说得不清不楚的，他完全听不懂，根本不会起到激励作用。

对中坚干部来说就不一样了，要是把事情讲得清清楚楚，最后会把他变成呆子。老板经常给答案，他就会习惯要答案，凡事都不动脑筋了。对于中坚干部，我们只能告诉他目标，细节与过程让他自己去把握。他自己找到的答案，并且行得通，有很好的效果，对他来说就是最好的激励。在让他觉得自己有本事的同时，我们再给予他适当的奖励，他一定会发挥得更好。

至于高阶领导，跟中坚干部又不一样了。对高阶领导最好的激励是尊重。换句话说，对高阶领导我们连目标都不必讲，让高阶领导觉得自己很高明、很重要。老板如果认为自己比高阶领导高明，是非常危险的。老板要让每个高阶领导都感觉到自己很高明，是老板的智囊，是老板最好的顾问，这样的话才能发挥他们每个人的长处，起到集思广益的效果。

激励可分公开和私下两种情况，也就是有明的也有暗的，两者都以正当而合理为适宜。见表3-17。

表3-17 激励要依性质明暗分开

	性质（场合）	重点说明
明的	公开（众所周知） 共通性（经常性）	●大家看法相当一致 ●不易引起众人反感 ●具有扩大影响的效果
暗的	私下（少数人知） 特殊性（权宜性）	●见仁见智看法互异 ●他人可能产生误解 ●群起仿效反而不好

凡是大家看法一致，不易引起众人反感，且具有扩大影响的效果，可公开激励。若是见仁见智看法互异，又非奖赏不可的，便可暗中激励，以减少他人的误解或不满。

员工的共通性行为，比如有关苦劳、辛劳的奖赏，大家都一样，不会有后遗症，可公开激励。员工的特殊性行为，除非公认，否则以暗中给予为宜。比如有关功劳的特殊性奖赏，彼此相差颇大，最好私下激励，这样可以维护功劳较小者的面子，激励他努力赶上。如果公开的话等于撕破脸，员工会用"无所谓"来回应，就失去了激励作用。再如为了公司的利益而与外人发生冲突，应该私下感谢，以防群起仿效。

激励是管理手段，更是一门艺术。从管理学的角度看，人的行为是受到一定的激励而产生的，领导者应当学会用艺术的方法来有效激励。对于不同员工、不同团队的激励方法应不尽相同，这样会让员工充满激情与活力，让团队充满积极向上的精神，发挥每一个人的潜能，从而让团队产生更大的效益。

自我学习心得笔记

图书在版编目（CIP）数据

中国式带队伍：带队伍就是带人心 / 曾仕强，杨智雄著. — 成都：天地出版社，2021.1
ISBN 978-7-5455-5879-1

Ⅰ.①中… Ⅱ.①曾… ②杨… Ⅲ.①企业管理—组织管理学—研究—中国 Ⅳ.①F279.23

中国版本图书馆CIP数据核字（2020）第146934号

ZHONGGUOSHI DAI DUIWU:DAI DUIWU JIUSHI DAI RENXIN
中国式带队伍：带队伍就是带人心

出 品 人	杨　政
作　　者	曾仕强　杨智雄
责任编辑	陈文龙　聂俊珍
封面设计	零创意文化
内文排版	程海林
责任印制	葛红梅

出版发行	天地出版社
	（成都市槐树街2号　邮政编码：610014）
	（北京市方庄芳群园3区3号　邮政编码：100078）
网　　址	http://www.tiandiph.com
电子邮箱	tianditg@163.com
经　　销	新华文轩出版传媒股份有限公司

印　　刷	河北鹏润印刷有限公司
版　　次	2021年1月第1版
印　　次	2021年1月第1次印刷
开　　本	710mm×1000mm　1/16
印　　张	13.75
字　　数	153千字
定　　价	65.00元
书　　号	ISBN 978-7-5455-5879-1

版权所有◆违者必究

咨询电话：（028）87734639　（总编室）
购书热线：（010）67693207　（营销中心）

如有印装错误，请与本社联系调换。

领导统御智慧

中国式管理实战手册

　　本书站在人性的高度,立足于中国人的特性,在汲取中国传统文化精髓的基础上,谈自我修炼、安人得人、鉴人用人,将有血有肉的案例与真知灼见融为一体,不仅充满中国式管理智慧,也十分接地气。

曾仕强
经典作品
典藏版

中国式带队伍

带队伍就是带人心

　　本书立足于中国人的特性,充分发挥和利用《易经》中的团队管理智慧,畅谈带队伍必须解决的分工协作、合理授权、协调沟通、文化建设、领导激励等问题,并提出可落地、可执行的解决方案。书中的方法持经达变,案例典型接地气,见解深刻独特,可读性极强。